경북의 종가문화 ④

# 한 점 부끄럼 없는 삶을 살다,
# 경주 회재 이언적 종가

경북의 종가문화 4

한 점 부끄럼 없는 삶을 살다,
**경주 회재 이언적 종가**

기획 | 경상북도 · 경북대학교 영남문화연구원
지은이 | 이수환
펴낸이 | 오정혜
펴낸곳 | 예문서원

편집 | 유미희
디자인 | 김세연
인쇄 및 제본 | (주) 상지사 P&B

초판 1쇄 | 2011년 12월 23일

주소 | 서울시 성북구 안암동 4가 41-10 건양빌딩 4층
출판등록 | 1993. 1. 7 제6-0130호
전화 | 925-5914 / 팩스 | 929-2285
홈페이지 | http://www.yemoon.com
이메일 | yemoonsw@empas.com

ISBN 978-89-7646-272-5 04980
ISBN 978-89-7646-268-8(전10권)
ⓒ 경상북도 *2011 Printed in Seoul, Korea*

값 14,000원

경북의 종가문화 4

# 한 점 부끄럼 없는 삶을 살다,
# 경주 회재 이언적 종가

이수환 지음

예문서원

## 지은이의 말

이 글은 동방오현東方五賢으로 문묘에 배향된 회재 이언적 종가의 문화를 살펴본 것이다. 종가의 문화를 이해한다는 것은 한국의 유교문화 및 전통문화의 정체성을 이해한다는 것과 같은 말이다. 공자의 나라 중국에서도 그 맥이 끊어져 버린 유교문화 정신이 오히려 한국에서 보존·계승될 수 있었던 것은 종가의 역할이 무엇보다도 컸다. 특히 영남지역의 종가는 전국에서도 가장 현저한 종가문화를 보유한 곳으로 그 명맥이 잘 보존·계승되고 있다. 그중에서도 여강이씨 회재종가는 500여 년 간 경주 양동마을에 집단으로 거주하며 전통을 이어 온 유서 깊은 대표적 명문 종가이다. 1992년 영국의 찰스 황세자가 한국을 방문했을 당시 양동마을에 들러 회재종가를 찾은 이유도 이곳이 지닌 역사성과 더불어 현재까지도 종가문화가 보존·계승되고 있다는 점 때문이었다.

여강이씨 회재종택이 위치한 양동마을은 안동의 하회마을과 더불어 조선시대 양반들의 생활상과 주거양식을 보여 주는 대표적인 곳이다. 마을의 규모나 보존상태, 소장된 문화재의 수와 역사적 가치 및 아름다운 자연경관 등이 인정되어 하회마을과 함께 마을 전체가 1984년 국가지정문화재(중요민속자료 제189호)로 지정되었다. 2010년 7월 31일에는 '한국의 역사마을: 하회와 양동'으로 유네스코 세계문화유산 1,324호로 등재되었다. 이와 같이 양동마을이 근대화 과정에도 크게 훼손되지 않고 잘 보존된 것은 마을의 주인공인 경주손씨와 함께 여강이씨들의 공이 크다. 유네스코 실사단의 평가 당시에도 양동마을에 지금도 사람이 거주하고 있으며 종가에서는 유교적인 생활양식과 예의범절을 계승해 오고 있다는 점이 높은 평가를 받았다고 한다.

여강이씨는 처가인 경주손씨를 따라 양동에 입향한 이래, 경주손씨와 함께 500여 년 세거하면서 경주지역의 향론을 주도하였다. 특히 이언적 이후 영남의 명문거족과 혼인관계를 맺으면서 영남을 대표하는 명문으로 자리 잡았다. 회재종가는 그 오랜 역사성과 함께 지금까지도 다른 어느 종가보다도 종가문화를 더 잘 보존하고 있다는 점에서, 이를 종합적으로 정리해 본다는 것은 의미가 있다고 생각된다.

　본 글에서는 종가가 소재한 양동마을의 자연·지리적 환경과 종가의 역사, 유교문화경관 및 종손·종부의 삶 등 종가의 일상을 살펴보았다. 나아가 이언적이 어릴 때부터 독서한 곳이자 41세에 낙향하여 개척한 옥산별업(별장)에 소재한 독락당과 이언적을 배향하는 옥산서원에 대한 서술도 포함하였다.

　또한 독자의 편의를 위해 양동마을과 옥산별업의 자연경관을 읊은 많은 글 중 「양동구곡」과 「옥산구곡」을 선별하여 양동마을과 관련된 국가지정문화재 목록과 함께 살펴보았다.

2011년 6월 27일
이수환

## 차례

지은이의 말 _ 5

제1장 양동마을과 여강이씨 _ 10
    1. 양동마을·옥산별업의 입지와 지리적 환경 _ 12
    2. 양동마을 입향과 후손의 번성 _ 37

제2장 종가의 역사 _ 60
    1. 이언적의 생애와 사상―퇴계학의 선구 _ 62
    2. 종가의 인물 _ 77
    3. 회재가의 문적 _ 85

제3장 종가의 유교문화경관 _ 102
    1. 무첨당 _ 108
    2. 영귀정 _ 113

3. 경산서당 _ 116

4. 독락당 _ 119

5. 옥산서원 _ 123

6. 양동구곡과 옥산구곡 _ 130

7. 양동마을 관련 국가지정문화재 목록 _ 145

제4장 종가의 일상과 종손의 문중활동 _ 158

1. 봉제사 접빈객 _ 160

2. 종손·종부의 삶 _ 170

3. 종손의 문중활동 _ 173

# 제1장 양동마을과 여강이씨

# 1. 양동마을·옥산별업의 입지와 지리적 환경

### 1) 양동마을

양동良洞마을은 중국 당나라 때의 주진촌朱陳村(중국 徐州지방에 위치했던 촌락 이름으로, 朱씨와 陳씨가 대대로 혼인을 맺으며 우애롭게 살았던 마을)처럼 경주손씨慶州孫氏와 여강이씨驪江李氏 두 가문이 500여 년 동안 세거해 온 마을이다. 양동마을은 안동의 하회河回마을과 더불어 조선 후기의 대표적인 양반집성촌이다. 그러나 조선 후기 대부분의 양반집성촌이 동성촌同姓村인 데 비해, 양동마을은 손씨와 이씨 두 가문이 한 마을에 함께 거주하며 오랫동안 공존해 왔다는 특색을 가지고 있다.

양동마을은 경상북도 경주시 강동면 양동리에 위치하고 있다. 경주 시내에서 형산강을 따라 동북방향으로 16㎞ 떨어진 지점에 위치하며, 포항시 경계에서는 2㎞ 떨어져 있다. 양동마을이 속한 강동면은 조선시대까지 경주부의 속현屬縣 안강현安康縣이었다.

안강현의 유래는 삼국시대까지 거슬러 올라간다. 『삼국사기』「지리지」에 따르면 삼국시대 안강현은 비화현比火縣으로 불렸다. 비화현은 757년(경덕왕 16) 행정구역 개편과 고을 명칭 변경에 따라 안강현으로 이름을 바꾸고 의창군義昌郡에 속하였다. 의창군은 강동면 인근에 위치한 포항시 흥해읍興海邑의 옛 이름이다. 고려시대 안강현은 1018년(현종 9) 군현제도 개편에 따라 경주부의 속현이 되었다. 1390년(공양왕 2)에 감무監務가 파견되면서 한때 독립된 고을이 되기도 하였지만, 조선왕조의 개창과 더불어 1394년(태조 3)에 다시 경주부의 속현이 되었고, 지금은 경주시에 부속되어 있다.

조선왕조는 효과적인 지방통치를 위해 면리제面里制를 각 고을마다 점차적으로 시행해 나갔다. 경주부에 속한 여러 속현들도 면리제 체제로 개편되었다. 이 중 안강현은 고을을 가로지르는 형산강兄山江을 기준으로 강동면江東面과 강서면江西面으로 분리되었다. 그리고 양동마을은 경주부 강동면 양좌동良佐洞으로 편제되었다. 이어 1895년(고종 32)의 행정구역 개편으로 경주부가 경주군慶州郡으로 바뀌면서 경주군 강동면 양좌동이 되었으며,

1914년 행정구역 개편 때 지금의 강동면 양동리良洞里가 되었다.

| 【안강현 및 양동마을의 행정구역 변천 과정】 | |
|---|---|
| 삼국 | · 102년(파사이사금 23) 비화현<br>· 757년(경덕왕 16) 이름을 안강현으로 바꾸고 의창군(지금의 흥해)에 영속 |
| 고려 | · 1018년(현종 9) 경주부의 속현<br>· 1390년(공양왕 2) 감무를 두고 독립 |
| 조선~현재 | · 1394년(태조 3) 경주부의 속현<br>· 면리제가 실시되어(형산강을 기준으로 강동면·강서면으로 분리) 경주부 강동면 양좌동(양동)으로 편제<br>· 1895년(고종 32) 경주부에서 경주군으로 행정구역 개편, 경주군 강동면 양좌동<br>· 1914년 경주군 강동면 양동리<br>· 1959년 경주시제 시행, 월성군 강동면 양동리<br>· 1989년 군명칭 변경, 경주군 강동면 양동리<br>· 1995년 시군통합, 경주시 강동면 양동리 |

마을 이름을 공식적으로 양동이라 부르기 시작한 것은 일제 강점기부터이다. 조선시대까지만 하더라도 양동마을의 공식적인 동리명은 양좌동이었다. 『경주지』를 살펴보면 양동의 옛 이름

은 양좌리이다. 안강현 안에 있는 양월楊月의 왼쪽에 위치한다는 의미이다. 이후 지리地理에 인문학적 의미가 더해지면서 군주의 잘못을 드러내지 않고 '어진 임금을 보필한다'라는 의미를 지닌 '양좌良佐'를 사용하게 되었다고 전해진다.

양좌동이란 동리명은 1425년(세종 7)에 편찬된 『경상도지리지慶尙道地理志』를 비롯한 15세기의 관찬지리지에서는 확인되지 않는다. 양좌동이라는 동리명이 표기된 가장 오래된 문헌은 1510년(중종 5)에 작성된 손중돈孫仲暾 남매의 상속 문서인 「화회문기和會文記」이다. 이 문서에는 상속 대상인 전답田畓의 소재지 중 여러 지명과 함께 양좌동이 명기되어 있다. 비록 16세기 이전의 문헌에서 양좌동이란 이름을 확인할 수 없으나, 이는 문헌의 소략에서 비롯된 것이며, 실제로는 훨씬 그 이전부터 사용되었을 것으로 추측된다.

조선시대 경주지역을 대표하던 손씨와 이씨 두 가문이 양동 마을에 정착하게 된 것은 이 마을의 지형적 조건과 무관하지 않다. 양동마을은 경주부 관할의 속현인 안강현에 소속된 곳으로, 이른바 임내任內 지역이었다. 임내는 중앙에서 직접 관리를 파견하지 않는 대신 인근 주읍主邑의 통제를 받았는데, 대체로 속현, 향鄕·소所·부곡部曲 등이 임내가 되었다. 조선 전기 이후 재지사족在地士族들이 정치·사회적 변동에 따라 새롭게 정착했던 곳은 바로 주읍에 비해 상대적으로 미개발 상태로 남아 있었던 임내 지역이었다.

　　조선시대 경주지역의 대표적인 재지사족들은 안강현을 비롯한 기계현杞溪縣·신광현神光縣·죽장부곡竹長部曲·성법이부곡省法伊部曲·북안곡부곡北安谷部曲 등과 같은 임내 지역에 정착하였다. 당시 재지사족들이 임내 지역을 선호했던 것은 성리학적 은둔에의 갈망과 풍류적 지향이라는 학문적 성향과 더불어, 정치·경제적 이유가 맞물려 있었다. 주읍에 소재한 읍치邑治 지역은 임내나 외곽지대에 비해 비교적 넓은 농지가 분포하고 있었고 토질이 비옥하여 비교적 이른 시기에 토착세력들에 의해 개발된 상태였다. 따라서 여말선초 정치·사회적 변동에 따라 새롭게 성장하거나, 낙향落鄕 또는 복거卜居 등을 이유로 새 고을로 이주한 사족들이 농장을 마련하고 정착할 곳은 읍치 내에는 그리 많지 않았다. 그 결과 오지와 벽지에 위치하여 상대적으로 미개발된 임내 지역이 14세기 말에서 17세기에 걸쳐 새로운 사족들의 이주 및 정착 장소로 주목을 받게 된 것이다. 양동마을의 여강이씨도 조선 전기 이래 경주 서북부 임내 지역을 적극적으로 개발해 나감으로써, 재지적 기반을 확충해 나갔다.

　　외견상 이러한 임내 지역은 교통이 불편하고 관청과 거리가 멀다는 점에서 정착하기 좋은 조건은 아닌 것으로 생각된다. 그러나 당시 재지사족들의 입장에서는 오히려 이러한 면이 장점으로 작용되었다. 그들은 안팎으로 노비가 있어 항상 시중들어 주기 때문에 물자 공급에 있어 거리는 중요한 조건이 아니었다. 오히려 관청과 떨어져 있는 것은 번잡한 시정市井의 분위기와 관권의 감시 및 침탈로부터 벗어날 수 있게 해 주었다. 이것이 그들에겐 이점이었던 것이다. 따라서 16세기 이래 영남학파嶺南學派를 형성한 사족 가문들은 대개 이러한 임내에 정착하여 동성촌을 형성해 나갔던 것이다. 양동마을과 옥산별업 역시 이러한 조건을 갖춘 임내 지역이다.

양동과 옥산玉山이 속한 안강현과 기계·신광현 등 경주북부 3개 속현 지역이 16세기 이래 장족의 발전을 계속할 수 있었던 배경은 무엇보다 안강평야·기계평야와 같은 넓은 들판에다 비옥한 토질, 거의 전천후에 가까운 관개수리시설, 배후의 풍부한 산림山林 및 형산강兄山江을 통해 들어오는 풍부한 해산물의 확보 등이 가능했기 때문이다. 특히 양동마을의 중요한 경제적 터전이 된 안강평야는 경주평야 북쪽의 형산강을 따라 넓게 펼쳐져 있다. 경주 주위의 여러 평야 중 가장 큰 규모로, 총면적 55.58㎢이다. 신라 천년의 고도를 끼고 있는 경주평야(42.90㎢)보다 넓은 규모다. 여강이씨 가문은 개발 잠재력이 풍부했던 안강평야에 주목하여 새로운 농사기술을 접목시켜 이곳을 생활 터전으로 삼고 발전시켜 나갔다. 조선 중기 이후 노동력과 수확량에서의 획기적인 이득을 가져다주었던 이앙법移秧法을 시행하기 위해서는 제언堤堰·보洑(川防)와 같은 관개수리시설의 확보가 필수적이었는데, 안강평야를 관개하는 보는 늦어도 16세기 무렵 축조된 것으로 확인된다. 이후 관개시설은 더욱 확충되어 17세기 초반 양동마을은 천석지기의 들판을 관개하는 보를 관리하게 되었다.

경제적 터전인 안강평야를 바라보는 곳에 위치한 양동마을은 전형적인 배산임수背山臨水의 남향南向 마을과는 달리 산등성이에 바짝 붙어 '물勿'자 형국의 특이한 터에 입지하고 있다. 마을의 서북쪽에는 뒷산이자 주산인 해발 163m의 설창산雪蒼山 종주봉宗主峰이 있는데, 여기서부터 '물勿'자형으로 갈라져 나온 산능선의 기슭과 골짜기에 크고 작은 마을이 형성되어 있다. 한편 마을의 동남쪽으로는 해발 108m의 성주봉聖主峰이 자리 잡고 있는데, 성주봉은 마을 안 어느 곳에서나 볼 수 있는 안산案山이다. 특히 풍수가들은 양동마을의 안산인 성주봉이 문필봉文筆峯 형상을 띠고 있는데, 안산이 붓처럼 생긴 까닭에 많은 문인과 학자가 배출되었다고 말한다.

설창산과 성주봉 사이에 형성된 양좌골(良佐谷) 사이로는 양동천良洞川이 흐른다. 양동천은 마을을 관통하여 북에서 남으로 흐르다가, 마을 입구에서 죽장·기계 방면에서 내려온 안락천安樂川과 합류하여 형산강으로 흐른다. 마을을 관통하는 양동천 좌우에는 우물이 형성되어 있어 양동마을 주민에게 식수를 제공해 준다. 한편, 양동천과 합류되는 안락천은 안강평야에서의 농사를 지속시켜 주는 중요한 농업용수로 이용되고 있다.

양동마을은 설창산에서 비롯되는 '물勿' 자형의 산줄기와 양동천의 식수가 공급되는 지형을 바탕으로 아랫마을, 분통골, 두동골, 거림, 갈구덕, 장터골, 물봉골, 안골 등의 크고 작은 자연마을로 구성되어 있다. 먼저 아랫마을은 하촌下村 또는 아랫마라 불린다. 외부에서 마을로 들어올 때 처음 접하는 곳으로 마을 안 주차장과 마을회관이 위치해 있다. 아랫마을에서도 마을 전체 모습은 드러나지 않는데, 집들이 산줄기 사이에 위치해 있기 때문

양동마을 개관도
('한국의 역사마을: 하회와 양동' 세계문화유산 등재 신청서 123쪽에서 재인용)

향단

이다. 아랫마을은 설창산 기슭에 자리 잡은 여러 집으로부터 떨어져 있어 예로부터 독서와 강학의 장소로 많이 이용되었다. 손씨 가문의 안락정安樂亭, 이씨 가문의 강학당講學堂·심수정心水亭과 같은 정자나 서당이 위치해 있다.

분통골은 아랫마을 서쪽 건너편 언덕에 위치해 있는데, 외부에서 마을을 바라보았을 때 가장 먼저 눈에 띄는 곳이다. 이곳에서는 멀리 양동마을의 경제적 기반이 되는 안강평야를 조망할 수 있어 손씨 가문과 이씨 가문에서 각각 경쟁적으로 건축물을 설립하였다. 분통골의 대표적인 가옥은 관가정觀稼亭과 향단香壇이다.

두동골은 두곡이라고도 한다. 마을 입구에서 양동천을 끼고 아랫마을을 지나면 동쪽으로 완만하게 경사진 골짜기에 형성되어 있다. 두곡고택杜谷古宅, 두곡영당杜谷影堂, 동호정東湖亭 등의 건물들이 하나의 작은 마을을 이루고 있으며, 마을 경로당도 이곳에 위치하고 있다.

거림居林은 양동천을 사이에 두고 두동골을 마주하고 있는데, 두동골을 포함하여 부르기도 한다. 양동천 서쪽에 위치한 거림의 서북쪽 언덕 위에는 수졸당守拙堂이 자리 잡고 있으며, 수졸당 동남쪽에는 양졸정養拙亭이 위치해 있다. 마을의 안골로 들어서기 위해서는 거림을 지나야 한다.

장터골(蔣基谷)은 장태골이라고도 한다. 아랫마을에서 양동천으로 끼고 마을로 들어오는 큰길 가장 안쪽에 위치한다. 장터골을 지나면 돌곡(石峴) 또는 돌고개라 불리는 곳이 나오는데, 지금은 장터골과 합쳐져 불리고 있다. 장터골에는 양동마을의 주요 가옥이 위치하고 있지 않다. 그러나 고대의 토기 조각과 기와 파편이 수습되는 것으로 보아 적어도 신라시대 때 이미 장터골과 돌곡 일대에 마을이 형성되어 있었던 것으로 추측된다.

물봉골(勿峰谷)은 아랫마을에 있는 마을회관을 지나 심수정 맞은편 서북쪽으로 난 오솔길을 따라 올라가면 나타난다. 물봉골을 중심으로 일대에 무첨당無忝堂, 대성헌對聖軒, 육위정六韡亭, 영귀정詠歸亭, 설천정사雪川精舍가 위치하고 있다. 물봉동산에 오르면 멀리 안강평야를 한눈에 조망할 수 있다.

안골(內谷)은 양동마을에서 가장 깊숙한 곳에 자리 잡고 있다. 아랫마을에서 물봉골로 들어가는 입구를 지나 왼쪽으로 난 오솔길을 따라 서북쪽으로 더 올라가면 안골이 나타난다. 이곳은 손씨 입향조인 손소가 처음 터를 잡고 지은 서백당書百堂이 위치해 있다. 아울러 근암고택謹庵古宅, 상춘헌賞春軒, 사호당沙湖堂, 낙선당樂善堂, 경산서당景山書堂 등이 위치해 있으며, 안골 가장 깊은 곳에는 창은정사蒼隱精舍와 내곡정內谷亭이 자리 잡고 있다.

갈구덕渴求德은 갈곡이라고도 불린다. '물勿' 자 형국의 가장 왼쪽 획에 해당되는 산줄기와 물봉언덕 사이에 형성되어 있는데, 다소 마을에서 격리된 느낌을 주는 곳이다. 역시 안강평야를 한눈에 내려다볼 수 있으며, 수운정水雲亭이 자리 잡고 있다.

이상과 같이 설창산에서 뻗어 나온 산줄기들이 '물勿' 자 형국을 이루는 곳에 크고 작은 마을들이 형성되었고, 이 마을들이 모여 양동마을을 이루고 있다. 여강이씨 가문은 경주손씨와 더불어 이러한 마을의 지형을 잘 이용하여 주변 자연과 조화를 이루면서 가옥을 짓고, 사회·문화적으로 완성도가 높은 두 성이 공거하는 촌락을 형성하였다. 손씨는 안골 깊숙한 곳에 터를 잡아 대종택인 서백당書百堂을 지었고, 이씨는 서백당에서 바로 보이지 않기 위해 산 능선 하나를 앞으로 넘은 물봉골 중턱에 종택인 무첨당을 지었다. 그리고 그들의 후손들은 경쟁적으로 서로 좋은 곳에 터를 잡아 가옥, 정자, 서당 등을 지어 나갔다.

'물勿' 자 형태의 영역 안에서 터가 가진 조건에 따라 종택, 파대택派大宅 등이 우선적으로 자리를 잡았으며, 여타 후손들의 가옥과 상민들의 집이 그 주변에 자리 잡는 형국으로 마을이 이루어졌다. 대체로 햇볕이 잘 들고 조망이 좋은 산기슭 높은 곳에 양반들의 가옥이 위치하고, 그 아래에 그들의 생활을 뒷받침해 준 노비와 상민들의 가옥이 형성되어 있는 것 또한 양동마을 구성상의 중요한 특징이라 할 수 있다. 현재 마을 입구에 있는 100여 년의 역사를 지닌 양동초등학교 본 건물은 일반적인 형태인 남향이 아닌 동향으로 되어 있다. 이는, 마을의 구성이 '물勿' 자 형인데 여기에 남향으로 건물이 들어서면 '혈血' 자형이 되어 마을에 액운이 있을 수 있다 하여 동향으로 지은 것이다. 전체적인

양동마을 전경

형국을 보면 마을은 산으로 둘러싸여 장풍국藏風局을 이루는 터에 자리 잡았고, 앞으로는 멀리 넓게 펼쳐진 안강들을 접하여 아름다운 자연경관을 지니고 있다.

양동마을의 뛰어난 지리적 환경과 입지 조건에 대해서는 조선 후기 이래 여러 인사들의 언급이 있었다. 대표적인 예로 정약용丁若鏞은 이중환李重煥의 『택리지擇里志』(1751) 발문跋文에서 살기 좋은 주거의 입지 조건으로 첫째 물과 불, 둘째 오곡五穀, 셋째 산천의 경관을 들며 양동마을을 여타 영남의 명촌名村과 더불어 언급하였다. 또한 조선총독부의 촉탁으로 무라야마 지준(村山智順)이 저술한 『조선의 풍수(朝鮮の風水)』(1931)에서는 양동마을을 안동 하회, 봉화 닭실(酉谷), 안동 내앞(川前)과 더불어 삼남三南의 4대 길지로 손꼽기도 했다.

한편, 뛰어난 양동마을의 자연경관은 여러 문인의 시적 대상이 되었다. 양동마을이 배출한 대표적 인사인 이언적은 이러한 자연경관에 대해 「등전봉관망登前峯觀望」, 「형산강상兄山江上」, 「병기등영귀정病起登詠歸亭」, 「등

영귀정登詠歸亭」등의 시로 남겼는데, 이 중 「등전봉관망」을 소개하면 다음과 같다.

| | |
|---|---|
| 하늘가 구름 걷히니 산은 씻은 듯하고 | 雲收天際山如洗 |
| 강 머리 비 그치니 풀은 죽순 자라듯 하네. | 雨歇江頭草似菌 |
| 갖가지 이 좋은 경치 누가 홀로 차지하였는가 | 景致千般誰獨管 |
| 우뚝한 설창산을 한인이 편안해 하네. | 蒼山高處依閑人 |

이언적의 8대손인 남려南廬 이정엄李鼎儼은 「양동구곡良洞九曲」을 지어 양동마을의 자연경관을 노래하기도 했다. 양동구곡은 제1곡 형산兄山(형산강), 제2곡 봉상鳳翔(鳳林臺), 제3곡 정전井田(井田渡), 제4곡 행단杏壇(杏樹亭), 제5곡 종당宗堂(무첨당), 제6곡 유정有亭(설천정), 제7곡 수운水雲(수운정), 제8곡 명사明沙(沙湖渡), 제9곡 설창雪蒼(雪蒼峴)으로 모두 양동마을에서 수려한 경관을 뽐내는 명승지이다.

손씨 가문에서 전해져 오는 『낙선당실기樂善堂實記』에는 양동마을의 경관에 대해 다음과 같이 간명하게 표현하고 있다.

| | |
|---|---|
| 형산강 북쪽의 제일 관문에서 | 兄山江北第一門 |
| 행인들 말에서 내려 만고토록 높였네. | 行人下馬萬古尊 |
| 충을 다한 어른 양민공의 묘우요 | 忠勳之老裏敏廟 |

동방의 부자인 회재 선생의 촌락이네.　　　　東方夫子晦齋村

　　양동마을이 가장 번성했던 때는 일제시대부터 해방 직후에 이르는 시기이다. 1930년대 일본인 젠쇼 에이스케(善生永助)가 조사한 바에 의하면, 양동의 구성원은 손씨가 52호 312명, 이씨가 146호 876명, 타성이 75호 400명이고, 경작 규모는 지주자작이 82호, 자작 겸 소작이 14호, 소작이 140호이며, 4개의 동(자연촌)으로 구성되어 있는 전형적인 마을이라 소개하고 있다. 현재 양동마을에는 133세대 374명의 주민들이 거주하고 있으며, 151호의 전통 가옥들이 보존되어 있는데, 마을 주민의 증언에 의하면 해방 직후에 약 300여 호의 가옥이 있었다고 한다.
　　현대사회로 접어들면서 마을 입구에 양동초등학교가 설립되고 마을 앞으로 동해남부선 철도가 부설되는 등 외형적 변화와 함께 도시화에 따라 주민들이 대거 고향을 떠나면서, 마을 규모도 예전에 비해 축소되었다. 그럼에도 양동마을의 기본 구조에는 큰 변화가 나타나지 않았다. 사회적 환경의 변화 속에서도 양동마을의 주민들은 조상들로부터 이어져 온 전통문화의 계승과 수호를 게을리하지 않았고, 그 결과 지금까지 전통적인 마을의 구조가 유지되고 있는 것이다.

## 2) 옥산별업

옥산별업은 양동마을에서 8km 떨어진 옥산리에 위치한 계곡을 중심으로 회재 이언적의 유적인 독락당과 옥산서원이 있는 곳이다. 양동과 마찬가지로 경주부 속현인 안강현 내에 있는 임내지역으로 조선 전기까지는 미개발된 상태였다. 옥산이 지금처럼 넓은 농지가 조성될 수 있었던 것은 이언적과의 인연을 통해서이다. 이언적과 옥산과의 관계는 이미 소년 시절부터 있어 왔다. 이언적은 1504년 14세에 양좌동에서 멀지 않은 정혜사定惠寺에 머물면서 성리학 공부를 하였다.

유학을 공부하는 이언적이 학업의 장소로 사찰을 찾은 것은 당시로서는 일반적인 현상이었다. 조선 전기에 유생들의 사찰 출입은 금지하였지만, 16세기 중반까지만 하더라도 유학자들 중 사찰에서 학업을 연마하는 자가 많았다. 김굉필金宏弼도 한때 가야산伽倻山 내원사內院寺에 들어가 공부하였으며, 퇴계退溪도 독서처로 사찰을 적극 활용하였었다. 유학자들이 사찰에서 공부한 사실은 그들의 문집에 사원을 소재로 하여 읊은 시문이 많이 수록되어 있는 것으로도 짐작이 가능하다. 이 시기 유학자들은 사찰을 독서처로 인식하고 있었던 것이다. 즉, '순유純儒'를 강조하였던 조선 후기 사회와는 달리 이때까지만 하더라도 유불儒佛 상보적인 경향이 강하였다. 이언적도 이러한 시대적 분위기 속에서 양동 인근에 소재한 유서 깊은 정혜사에 자주 출입하며 독서의 장소로 활용하였고, 따라서 승려들과의 친교도 깊었다.

    이언적이 옥산에 별업을 개창한 것은 어린 시절의 인연에서 비롯된 것일 뿐만 아니라, 옥산의 지형적 조건과 무관하지 않다. 옥산도 양동마을과 같은 임내 지역으로 조선시대 재지사족들의 귀향, 복거처로 선호되던 지형적 조건을 갖추고 있었다. 옥산과 같은 임내 지역은 전란을 피할 수 있는 지세를 갖추었으며, 읍치에서 떨어져 있어 혼탁한 정세 속에 은둔하기 좋은 곳이었다. 또한 아직 미개발 지역으로 새로운 농업기술을 접목시켜 높은 수익을 올릴 수 있는 개발 잠재력을 보유하고 있었다. 재지사족들은 관청으로부터 임내의 이러한 무주지無主地·황무지를 입안立案 받아 점유하였고, 개간 가능한 토지를 찾아 새 전답을 확보해 나갔다. 또한 하층민의 토지를 투탁投託 받거나 폐사廢寺의 토지를 점유하기도 했다. 이언적의 옥산별업 개창도 이러한 일련의 과정과 무관하지 않다.

    특히 옥산별업은 정혜사와 관계가 밀접하다. 조선시대 숭유억불책에 따라 대부분 사찰들의 자립 여건은 크게 위축될 수밖에 없었다. 이러한 상황 속에서 사찰들은 인근의 유력한 재지사족이나 서원·향교 등의 관리를 받으며 생존책을 모색해 나갔다. 정혜사 역시 사찰 유지를 위해 인근 양동마을과 밀접한 관계를 맺고 있었다. 이렇게 볼 때 옥산별업의 개창에는 정혜사로부터

계정 전경

　많은 인적, 물적 지원이 있었을 것으로 생각된다.
　　옥산별업의 본격적인 개창은 이언적이 관직생활을 하다 낙향한 1532년(중종 27) 41세 무렵이다. 이때 이언적은 김안로金安老의 등용을 반대하다가 파직되자 어려서부터 독서처였던 옥산으로 귀향하여 자옥산紫玉山 아래에 독락당獨樂堂을 창건하고 약 5년 간 머물렀다. 그때의 상황을 『회재집晦齋集』 연보에는 다음과 같이 기술하고 있다.

선생은 젊어서 그곳의 바위 골짜기가 괴기하고 시내 못이 청결한 것을 사랑하였는데, 이때에 이르러 비로소 시냇가에 집을 지으니 수십 칸이었다. 가난하여 공사를 할 수 없어 오랜 시간이 지나 완공하니 독락당이라 이름 하였다. 다섯 대를 두고 탁영대濯纓臺, 징심대澄心臺, 관어대觀魚臺, 영귀대詠歸臺, 세심대洗心臺라 하였다. 또 관어대 위에 작은 정자를 세우니, 제1칸은 정관재靜觀齋, 제2칸은 계정溪亭이라 하였다. 정자의 전후에 소나무, 대나무, 꽃과 풀을 심고 날마다 그 사이에 읊조리고 노닐면서 낚시하며 세상의 어지러움을 사절하였다. 한 방에 단정히 앉아서 도서를 좌우로 하고 조용한 가운데 공부를 하니 전에 비하여 더욱 깊고 오로지 하였다.

처음에는 계정 자리에 3칸의 띳집(茅屋)을 지었는데, 뒤에 정혜사 주지의 주선으로 띳집을 헐고 계정과 양진암養眞庵, 옥산정사玉山精舍를 잇달아 지었다. 이언적은 이곳의 자연 승경을 좋아해 독락당 계정 옆으로 흐르는 자계천 주변의 몇몇 바위를 징심대, 탁영대, 영귀대, 관어대, 세심대라 명명命名하고, 또한 이들을 둘러싼 자옥산, 화개산華蓋山, 무학산舞鶴山, 도덕산道德山의 네 산도 본인이 직접 명명하였다. 화개산 북쪽 끝자락에는 자계천의 원천이 있는 안태봉이라는 높은 봉우리가 있는데, 이곳에 위치한 범바위와 사자바위도 이언적이 지은 이름이다.

세심대

옥산정사

계정을 받치고 있는 반석이 관어대이고, 계정 맞은편 화개산 허리를 휘어 두른 병풍석이 영귀대이다. 영귀대에는 연당淵塘이 있는데, 이 연당은 이언적의 뜻을 받들어 서자 전인全仁이 만든 것이다. 세심대洗心臺는 지금의 옥산서원玉山書院 밖 북쪽 일대의 바위를 가리킨 것이다. 세심대 옆 외나무다리 밑에는 작은 폭포를 이루는 못(沼)과 용추龍湫가 있어 운치를 더하고 있다. 세심대는 정조가 이언적의 『속대학혹문續大學或問』의 서문을 짓고 지방 초시初試를 개최했던 곳으로 유명하다. 이곳 바위에 새겨진 '세심대'와 '용추'는 퇴계의 글씨인데, 퇴계는 양진암과 옥산정사의 현판을 쓰기도 하였다. 계정과 독락당의 현판은 각각 당대의 명필인 한석봉과 이산해李山海가 썼다.

독락당 동쪽에 있는 향나무는 이언적이 독락당의 낙성을 기념하여 심은 것이고, 뒤에는 이언적이 손수 심었다는 산수유나무와 주엽나무(천연기념물 제115호)가 있다. 그중 주엽나무는 명나라에 사신으로 다녀온 지인으로부터 선물 받아 이언적이 손수 심은 것이라고 전해진다. 주엽나무는 높은 기상을 품은 지사志士들이 모여 담론을 하면서 뜻을 살찌게 한다는 고사를 지닌 나무이다.

낙향 이후 이언적은 독락당과 계정을 짓고 이곳에서 도학과 주변의 자연경관에 대한 많은 시를 남겼다. 이언적의 대표적인 시인 「임거십오영林居十五詠」도 이곳을 배경으로 지은 것이다. 여기에는 「독락獨樂」과 「계정」이란 시도 포함되어 있는데, 이 시기 이언적의 마음이 잘 담겨 있다고 보이는 「계정」을 소개하면 다음과 같다.

| | |
|---|---|
| 숲가에서 울어 대는 유조 소리 즐거이 듣는데 | 喜聞幽鳥傍林啼 |
| 새로 지은 띳집 처마 작은 시내에 걸쳐 있네. | 新構茅簷壓小溪 |
| 홀로 술잔 기울이며 밝은 달 짝으로 맞이하고 | 獨酌只邀明月伴 |
| 한 칸의 집에서 흰 구름과 함께 머무르네. | 一間聊共白雲棲 |

퇴계 유묵

독락당은 이언적의 사후 서파庶派(全仁系)로 계승되었다. 현재 독락당에는 이언적의 수필문적手筆文籍과 각종 유물 등이 보관되어 전해져 오고 있다. 특히 이 중에는 이언적이 26세에 지은 「원조오잠元朝五箴」을 퇴계가 읽고 크게 감명을 받아 쓴 퇴계 유묵遺墨과 이언적이 명명한 사산오대를 반석에 새겨 놓기 위해 쓴 퇴계의 글씨가 있다.

옥산별업은 이후 아들 손자로 세전世傳되면서 중수·확장되었다. 이언적 사후 서자 이전인李全仁은 그의 수필문적을 보관하기 위해 독락당 뒤편에 어서각御書閣과 사당을 세우고 안채를 중수하였다. 이후 독락당의 안채는 서손庶孫 이준李浚에 의해 다시 중수되었다.

이언적 사후 그의 발자취를 좇아 여러 인사들이 옥산에 왕래하였고 많은 기록을 남겼다. 특히 이언적의 업적과 옥산의 자연경관을 노래한 시문이 많이 남아 있다. 노수신盧守愼은 옥산을 유람하고 14가지 산수를 시로 읊었으며, 박인로朴仁老는 독락당을 방문한 뒤 가사 「독락당가獨樂堂歌」를 읊었다. 특히 퇴계의 후손인 이가순李家淳은 19세기 전반 옥산서원을 방문한 뒤 이언적의 은거지에 구곡원림이 존재하지 않는 것을 안타까워하며, 옥산서원 일대를 유람하고 옥산구곡玉山九曲을 설정하였다. 이가순이 설정한 아홉 굽이는 이언적의 자취가 남아 있는 굽이로, 대부분 이언적이 명명한 굽이였다. 구곡은 제1곡 송단松壇, 제2곡 용추龍湫,

제3곡 세심대, 제4곡 공간孔澗, 제5곡 관어대, 제6곡 폭포암瀑布巖, 제7곡 징심대, 제8곡 탁영대, 제9곡 사암獅巖이다. 이가순은 옥산천 일대에 구곡을 설정하여 이 일대를 주자朱子의 무이구곡武夷九曲과 비견되는 공간으로 만들려 했던 것이다.

## 2. 양동마을 입향과 후손의 번성

　　양동마을에 언제부터 사람이 살았는지 자세한 유래는 알 수 없다. 다만 마을의 안산인 성주봉 정상의 구릉지에 100여 개의 석관묘石棺墓가 발견된 사실과 이웃 인동리仁洞里와 지금은 수몰지구가 되어 버린 안계리安溪里 일대에 고분군이 있었던 사실로 미루어 보아 이미 4~5세기경에 어느 정도 규모를 갖춘 정치세력이 양동마을 일대에 분포하고 있었음을 알 수 있다. 또한 마을 안 장터골에서 신라시대 토기 조각, 기와 파편이 지금도 간혹 발견되는 것으로 보아 신라시대에 이미 이곳에 마을이 형성되었으리라 짐작된다.
　　구전에 의하면, 양동마을에는 고려시대부터 조선 초기에 이르기까지 당시 남자가 혼인을 하면 처가 동네에 가서 사는 솔서혼제率婿婚制의 관행에 따라 오씨吳氏·장씨蔣氏·류씨柳氏가 외손으로 이어져 살아왔다고 한다. 지금의 양동마을 주인공인 여강이씨와 경주손씨 두 집안도 처가를 따라 이 마을에 정착하였다.

두 집안의 만남은 현재 양동마을에 세거하고 있는 여강이씨와는 계보를 달리하는 여강이씨 이광호李光浩가 안강 현감安康縣監으로 부임하여 양동마을에 거주한 데서부터 시작된다. 이광호의 아들 이상도李尙道는 무과에 급제하였고, 그의 아들 이승평李承平 또한 문과에 급제하였으나 벼슬에 나아가지 않고 양동에 살면서 학문을 닦고 후진을 가르치는 일에 열중함으로써 마을의 주인으로 자리 잡게 되었다. 그 뒤 풍덕류씨豊德柳氏 류복하柳復河(萬戶)가 이승평의 사위가 되었는데, 당시의 솔서혼과 자녀균분상속제라는 사회적 관행에 따라 처가 쪽에 이주하였다. 그런데 류복하는 내내 이곳에서 살았지만 처가인 이승평 집안이 흥해 쪽으로 옮겨감으로써, 양동마을의 재지적 기반은 자연스럽게 풍덕류씨의 차지가 되었다. 그 뒤 경주손씨의 입향조인 양민공 손소孫昭(1433~1484, 문과, 敵愾功臣 2등)가 류복하의 무남독녀에게 장가를 들면서 이 마을에 정착하여 당시의 자녀균분상속子女均分相續 관습에 따라 류복하가 양동마을에 축적해 놓은 사회·경제적 기반을 고스란히 이어받게 되었다. 그 후 손소는 1467년(세조 13)에 일어난 이시애李施愛의 난 때 공을 세워 적개공신敵愾功臣 2등에 녹훈되고 훗날 양민공襄敏公이라는 시호를 받게 되면서 양동마을에서의 기반을 더욱 확고히 하게 되었다. 다시 여강이씨 이번李蕃이 손소의 사위가 되면서 손·이 양성이 오늘의 양동마을을 이루었다.

여강이씨는 본래 경기도 여주목驪州牧 토성土姓으로, 고려 후기에 상경종사上京從仕하여 조선시대에는 명문거족으로 경향 각지에 확산되었다. 양동의 여강이씨 선대도 다른 군현의 토성과 마찬가지로 고려 후기까지 여주의 호장직戶長職을 세습하다가, 고려 말에 본관을 떠나 영남으로 내려온 것 같다. 영남에 정착한 초기에는 영일迎日에 살다가, 이언적의 조부 이수회李壽會가 경주인 생원生員 이점李點의 사위가 되어 경주로 오게 되었다. 이 가문이 경주지방에서 확고한 재지적 기반을 갖게 된 계기는 이수회의 아들 이번李蕃이 손소의 사위가 되면서부터이며, 이로 인해 그의 처가 소재지인 양좌동은 마침내 손·이양성의 세거촌이 되었다. 이번 역시 앞서 류복하와 손소가 그랬던 것처럼 처가 쪽 재산을 상속받음으로써 양동마을에 정착할 사회·경제적 기반을 마련할 수 있었다. 이와 같이 이씨 가문과 이언적의 정치적 성장에는 외가인 손씨의 기반이 크게 작용하였던 것이다.

이렇게 양동마을의 터전은 '이승평 → 사위 류복하 → 사위 손소 → 사위 이번'으로 이어져 손·이 두 가문의 동성촌이 되었다. 현재 이언적의 묘소가 있는 달전達田(현 포항시 남구 연일읍 달전리) 산소는 풍덕류씨, 경주손씨, 여강이씨 세 가문이 한 골짜기씩 차지하고 있어 입향 유래를 가늠케 해 준다. 그 뒤로 500여 년의 세월을 여강이씨와 경주손씨가 서로 조화를 이루면서 대를 이어가며 함께 살아왔다. 풍수지리로는 네 갈래의 골을 이루는 물勿자형 지세여서 외손이 복 받는 곳이라고 하는데, 풍덕류씨, 경주손씨, 여강이씨가 모두 사위로 들어와 그 후손들이 번창한 것을 보면 특이한 지세임에 틀림없다고 하겠다. 그래서 마을 주민들은 양동을 '외손外孫의 마을'이라고 한다.

양동마을은, 마을이 형성되던 초창기는 사위가 처가 마을에 정착하는 외손마을이었지만, 17세기 이후 종법적宗法的 가족제도가 도입·정착되면서 점차 부계 중심의 동성마을이 되었다. 경주손씨·여강이씨 양 가문은 명조名祖인 손중돈·이언적 이후 급격히 족세가 번창하면서 17세기 이후 경주권의 어느 가문보다 대·소과 합격자를 많이 배출하여 대표적인 명문으로 자리 잡았다. 특히 여강이씨는 이언적이 사후에 '종묘배향宗廟配享'(明宗)과 '문묘종사文廟從祀'라는 인신人臣으로서 또는 학자로서의 최고의 영예를 향유함에 따라, 이후 영남의 대표적인 명문으로 자리 잡았다.

양동마을의 주인공인 손·이 두 가문은 상호 간 혼인관계를 통해 인척관계를 맺는 등 오랜 기간 동안 양동마을에 공존해 왔다. 마을의 크고 작은 일에 서로 협동하였지만 한편으로는 이해관계에 따라 갈등과 분쟁을 일으키기도 하였다. 그런데 두 가문의 가세는 시대에 따라 변화가 있었다. 고문서를 통해 양성의 족세의 변화를 시기별로 살펴보면, 대체로 17세기 말까지는 손씨가 이씨에 비해 수가 많았다. 1599년(선조 32) 손엽孫曄 등이 경주 부윤에 올린 소지所志에서 확인되는 양좌동 출신 인사들의 인원을 보면, 손씨 8명, 이씨 3명, 장씨蔣氏 2명, 조씨曺氏 1명으로 14명의 사족이 확인된다. 그러나 18세기 중엽에 이르러서는 이씨의 수적 우세로 전환된다. 1739년(영조 15) 손시식孫是栻·이익중李益中 등이 「신보금단사新洑禁斷事」로 제출한 소송장에 등재된 인원은 손씨 56명, 이씨 48명인 데 비해, 그로부터 10년이 경과한 1749년(영조 25) 양동에 관한 완의完議를 규정할 때 서명한 인원은 손씨 13명, 이씨 18명으로 나타난다. 그리고 그 다음 해 양동마을 앞들에 있는 저수지를 지키는 문제로 소송장을 낼 때는 손씨 43명에 이씨 67명이 참여한 것으로 확인되며, 1769년(영조 45)의 소송장에는 손씨 56명, 이씨 68명, 김씨 2명, 최씨 6명, 조씨가 1명이었다.

조선 후기 영남유림의 단체행동 가운데 언론활동의 일환으로 추진된 유소儒疏를 통해서도 손·이 두 가문의 족세를 가늠할 수 있다. 경주권을 대표하여 두 가문은 여러 차례 영남유소에 참여하였는데 1736년(영조 12) 영남유소 때 양동 출신의 경주손씨는 35명인 데 비해, 여강이씨는 75명으로 나타난다. 또한 1792년(정조 16) 이우李㙖를 소수疏首로 했던 영남만인소嶺南萬人疏에는 손씨 24명, 이씨 43명이 참여한 것으로 나타나 18세기 중엽 이후로는 이씨의 족세가 손씨에 비해 상대적으로 강성했음을 알 수 있다. 이와 같이 시대에 따른 손·이 두 가문의 소장消長관계는 족보와 동안洞案의 분석을 통해서도 확인된다. 1819년(순조 19)의 통계인 양좌동 등 6개동의 호수戶數를 정리해 보면 다음과 같다.

| 동명 | 인량동<br>仁良洞 | 양좌동<br>良佐洞 | 안계<br>安溪 | 삽곡<br>鍤谷 | 구경<br>九卿 | 초감<br>草甘 | 합계 |
|---|---|---|---|---|---|---|---|
| 호수 | 14 | 91 | 60 | 24 | 14 | 14 | 231 |

위의 231호를 다시 성관별, 신분별로 분류해 보면, 손씨가 57호에 인구수 177인, 솔거비率居婢 69구口, 노奴 9구이며, 이씨는 112호에 인구수 365인, 비 163구, 노 27구이고, 다른 성씨 및 기타 신분의 호수가 62호에 인구수 173인, 솔거노비는 31구이다. 이와 같이 두 가문의 족세는 18세기 말에서 19세기 초 무렵부터 대체로 4:6 비율이 유지되었던 것이다.

조선시대 영남지역에서의 양동마을 여강이씨의 지위는 가문의 관직진출자, 과거시험 합격자, 학문적 업적, 정치·사회적 활동, 혼인관계 등을 통해 가늠할 수 있는데, 이를 차례로 살펴보기로 한다. 양반관료사회에 있어 사족의 신분유지와 향상에는 과거와 벼슬이 큰 위력을 가지고 있었다. 흔히 조선 후기 영남지방 양반 가문의 지위를 거론하면서 학문에 지나친 비중을 두는 경향이 있는데 그것은 사실과 다르다. 실제로는 대·소과 등의 과거급제와 관직진출의 기반 위에서 학문과 덕행이 논의되었다. 어느 가문을 막론하고 과거와 벼슬은 어떤 배경보다도 가세家勢 내지 족세族勢를 고양시키는 데 최대의 관건이 되었기 때문이다.

양동 손·이 두 성씨는 경주권의 어느 명문사족보다도 대·소과 합격자와 관인을 많이 배출하였으며, 그것이 경주권의 사림을 조직하고 동원할 수 있는 위치에 서게 하였다. 『교남지嶠南誌』에 의하면 조선시대 경주 출신으로 문과 급제자는 모두 59명인데 손씨가 8명, 이씨가 21명으로 전체의 절반을 차지했으며, 생원·진사과 출신(문과 제외)은 모두 87명인데 손씨가 11명, 이씨가 24명으로 여강이씨가 압도적으로 많다.(『여강이씨족보』에는 훨씬 더 많은 수의 생원·진사가 확인된다.) 특히 여강이씨의 문과 급제자 중 9명은 참의參議, 대사간大司諫, 도승지都承旨, 대사헌大司憲, 참판參判, 우윤右尹 등 정3품 이상의 당상관堂上官으로 활약하였다. 그리고 생원이나 진사 급제자를 비롯한 23명은 조상의 덕을 입는 일천逸薦 또는 음사蔭仕로 군수郡守·현감縣監 같은 수령守令이나 찰방察訪·판관判官·참봉參奉 등의 벼슬에 임명된 것으로 나타나, 영남지역을 대표하는 명문가로서의 사회적 위치를 알 수 있게 해 준다. 특히 여강이씨들이 17세기 후반부터 재야 남인의 입장을 고수하고 있었다는 점을 고려하면 더욱 그러하다.

과거시험에 합격했다고 해서 모두 덕성과 능력을 갖추었다고 할 수는 없다. 그렇지만 과거시험을 통과하기 위해서나 관직에 나아가기 위해서는 어느 정도 학식과 덕망을 갖추어야 했음을 감안한다면, 양동마을에서 오랜 세월 동안 많은 학자가 배출되었다는 사실은 당연하다고 할 수 있다. 특히 문집을 냈거나 유고가 남아 있는 사람을 학자라고 부르던 전통에서 본다면, 여강이씨 가문의 경우 문집을 낸 사람은 40명이나 되고, 유고를 남긴 사람은 57명이나 됨을 확인할 수 있다.

양동마을 여강이씨들의 이러한 학문적 기반은 탄탄한 가학의 전통과 영남학파 출신의 명사들과의 교류에서 비롯된 것이다. 먼저 이언적이 연산군~명종조에 중앙정계에서 활약하며 영남사림을 대표하였고, 아울러 경주지역 사림을 영도하던 손숙돈孫叔暾·손계돈孫季暾·서용원徐勇元·이을규李乙奎·권덕린權德麟·권희안權希顔·조한보曺漢輔 등과 인척 및 사우師友관계로 인연을 맺었다. 임진왜란 이후에는 그 후손들이 영남학파를 대표하고 있던 정구鄭逑와 장현광張顯光 등의 문하를 출입하면서 이언적의 학통을 계승하기 위해 노력하였다. 이후 여강이씨는 영남학파 학통을 수호하고 지역 문물을 정비하는 데 앞장섰다.

여강이씨들은 1611년에 북인의 영수였던 정인홍鄭仁弘이 중심이 되어 영남학파의 도통을 이루는 이언적과 이황의 문묘종사를 반대하자 이를 반박하는 「무훼회퇴소誣毁晦退疏」를 올리는 데 참여하였고, 효종 대에는 여강이씨 가문의 이채李埰와 이력李櫟이 기호학파의 종장宗匠이 되는 성혼成渾·이이李珥의 문묘종사를 반대하는 상소를 올릴 때 경주사림 16명과 함께 참가하였다. 이 중 이채는 경주권 사림의 사회경제적 활동에 크게 기여한 인물로 1669년 김건준金建準 등과 『동경잡기東京雜記』를 편찬하기도 했으며, 1679년에는 향중 사림과 함께 『경주향안慶州鄕案』을 개수하고 그 서문을 썼다. 또한 『양동이씨족보』를 최초로 편찬하여 그 서문을 쓰기도 했다. 여강이씨 가문은 이후에도 경주권을 대표하여 1736년(영조 12) 노론 인사 송시열宋時烈의 문묘종사반대 영남유소, 1792년(정조 16)과 1855년(철종 6) 사도세자의 신원伸寃을 청하는 영남만인소에 적극 참여하였고, 1884년(고종 21)에는 복제개혁服制改革에 반대하는 만인소를 주관하였다.

　이러한 여강이씨 가문의 정치·사회적 활동에는 이언적을 배향한 옥산서원이 구심점이 되었다. 옥산서원은 안동의 도산서원陶山書院, 진주의 덕천서원德川書院과 더불어 영남학파를 대표하는 3대 서원이었다. 특히 동서·남북 분당 이후 퇴계와 함께 이언적이 남인의 정신적 지주로 추앙받으면서, 옥산서원은 퇴계를 배향한 도산서원과 함께 영남 남인을 대표하는 서원으로 인식되었다.

　옥산서원에 소장되어 있는 서원 방명록인 『심원록尋院錄』을 살펴보면, 옥산서원의 사회적 위치가 더욱 분명해진다. 옥산서원은 조선시대 영남 남인을 대표했던 서원답게 『심원록』을 통해

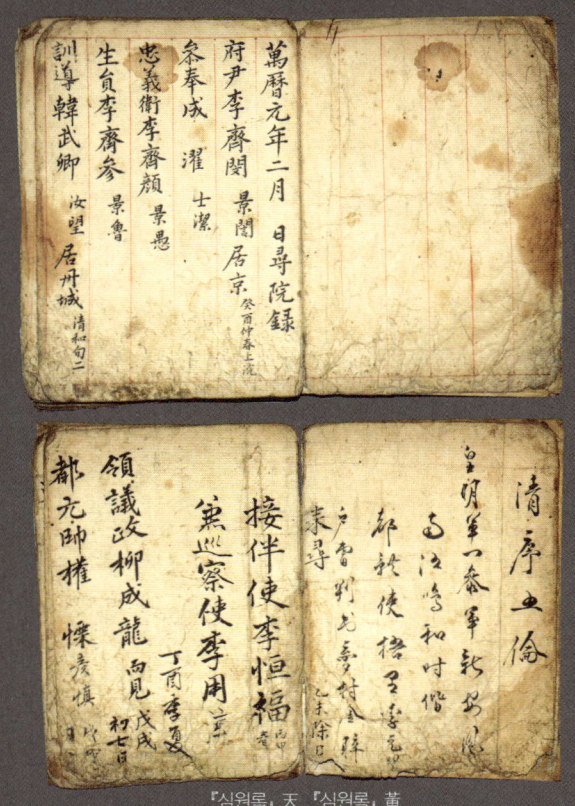

『심원록』天, 『심원록』黃

서 보면 서울과 지방의 남인계 인사들의 방문이 끊이지 않고 있다. 16세기에는 류성룡·김성일金誠一·김복일金復一·박승임朴承任·금응상琴應爽·금난수琴蘭秀·이영도李詠道·정사성鄭士誠·권득가權得可·권문해權文海·구사맹具思孟·권극례權克禮·권극지權克智·신지제申之悌·박의장朴毅長 등 당시 영남학파를 대표하는 퇴계 제자들이 주축을 이루고 있는 가운데, 허엽許曄·이항복李恒福·이원익李元翼·이덕형李德馨 등 서울에 거주하는 현직 관료들도 다수 방문하였다. 17세기 이후에도 최현崔晛·황여일黃汝一·이정신李廷臣·정사호鄭賜湖·노경임盧景任·조정趙靖·이민환李民寏·한준겸韓浚謙·조경趙絅·이현일李玄逸·이형상李衡祥·정시한丁時翰 등 서울과 지방의 중요 인사들의 방문이 끊이지 않았다. 이렇게 볼 때 옥산서원은 도산서원과 함께 영남 남인의 대표적인 서원으로서, 당시 중앙정계의 치열한 정쟁 속에서 남인의 정치적 명분을 뒷받침하고 이들의 상호 결집을 도모하는 기지 역할을 수행하고 있었음을 알 수 있다. 여강이씨는 옥산서원에서의 활동을 중심으로 조선 후기 서인·노론정권과 대항하는 과정에서, 야당인 남인의 입장을 고수하며 활발한 정치·사회적 활동을 전개해 나갈 수 있었던 것이다.

옥산서원은 인조반정으로 남인이 실각하면서 세력이 다소 약해졌으나, 영·정조대에 와서 다시 주목을 받았다. 영·정조 두 왕은 『대학大學』에 대해 특별한 관심을 가지고 있었고, 따라서 주자가 저술한 『대학장구大學章句』의 누락된 부분을 보완하여 『대학장구보유大學章句補遺』를 다시 엮은 이언적의 학문이 주목되면서 그를 배향하는 옥산서원도 중앙으로부터 특별한 대우를 받았다. 정조는 이언적의 업적을 구체적으로 언급하면서 오늘의 영남 사림들이 그를 본받을 것을 당부해 마지않았다. 이러한 정조의 이언적에 대한 존경의 뜻은 정조 5년 4월에 옥산서원과 이황을 모시는 도산서원에 관리를 보내 직접 제사를 지내도록 하는 형태로 표시되었다. 이 일에 대해 그는 왕위에 오른 후에 일찍이 했어야 할 일이면서도 하지 못한 것이라 하면서 서둘러 하도록 조치하였다.

정조는 영남 인재의 등용에 대해 적극적으로 배려함과 동시에 한편으로 영남 출신의 뛰어난 선정신先正臣의 한 사람으로 이언적을 특별히 존숭하였다. 예컨대 영남 출신 선정신에 대해 평가하면서 이황보다 이언적를 더 앞세우는 경향을 보이기도 하였다. 정조 5년 4월 치제致祭 때의 경우도 당초에는 옥산서원의 치제만 거론되었는데 옥산서원에 치제하면서 도산서원을 빠뜨릴 수 없다고 하여 치제관致祭官이 돌아오는 길에 도산서원에 들르도록 조치하였던 것이다. 1792년(정조 16) 3월에도 옥산·도산에 치제하였는데 이때도 마찬가지였다.

또한 1794년(정조 18) 봄에는 「제선정회재속대학혹문권수題先正晦齋續大學或問卷首」를 지어 옥산서원에 보내 이를 소장하게 하였다. 이 글은 1792년 당시 치제 때 이만수가 이황의 편지와 함께 가져온 『속대학혹문』을 돌려보내면서 붙인 것으로, 이때도 이언적의 것이 먼저였다. 이러한 분위기 속에서 옥산서원은 경주권 내지 더 나아가 영남의 대표적인 서원으로서의 위치를 확고히 하였으며, 대원군의 전면적인 서원훼철 때에도 남게 되었다.

여강이씨들의 이러한 정치·사회적 활동에는 혈연을 매개로 한 결속력도 중요한 밑바탕이 되었다. 여강이씨들은 이언적이라는 명조名祖를 중심으로 결집함과 동시에, 17세기 이후에는 각 분파별로 현조顯祖를 내세워 서원·사우祠宇에 배향하며 혈연적 결속력을 다져 나갔다. 여강이씨 가문은 17세기 이후 족세가 크게 번창하면서 인근의 안강·기계·신광 등지로 거주지가 확산되었다. 또한 이언적·이언괄李彦适 형제의 손자 대에 이르러서는 9개의 파계派系가 형성되기도 하였다. 이언적의 첫째 손자 이의윤李宜潤의 무첨당無忝堂(종택파)파, 둘째 손자 이의징李宜澄의 양졸당養拙堂파, 셋째 손자 이의활李宜活의 설천정雪川亭파, 넷째 손자 이의잠李宜潛의 수졸당守拙堂파, 다섯째 손자 이의택李宜澤의 오의정五宜亭파, 이언괄의 장손 이의주李宜澍의 향단香壇파, 둘째 손자 이흡李洽의 봉사공奉事公파, 이언적의 서자 이전인李全仁의 첫째 아들인 이준李浚의 구암공求菴公파, 둘째 아들인 이순李淳의 치암공癡菴公파가 그것이다.

물론 이러한 분파는 18세기 이후 두드러지게 나타난 종적 유대관계의 강화와 문중 내 각파별로 직계 조상을 내세워 가계의 위세를 강화하려는 당대 의식이 반영된 것이다. 방계손의 경우 가문 내 영향력이 후대로 갈수록 약해짐에 따라, 각 방계는 직계 현조를 중심으로 분파·결속할 필요가 있었다. 그 결과 방계손은 독자적으로 자신들의 직계 현조를 모시는 서원·사우 건립을

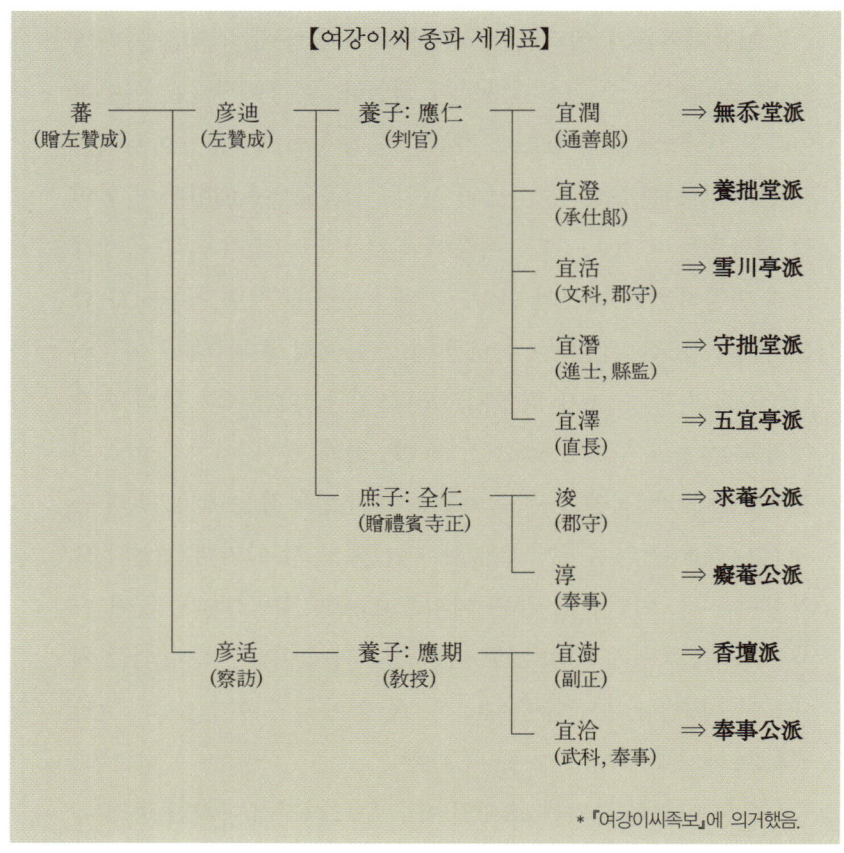

통해, 구성원 간 결속력을 다지고 파조派祖를 현양하며 향촌사회 내에서의 입지를 확고히 유지하려 했던 것이다.

여강이씨 가문 주도로 설립된 경주지역의 서원·사우는 모두 다섯 곳으로, 경주지역 어느 문중보다 많다. 여강이씨는 1573

년 옥산서원의 건립을 주도하며 이 서원을 중심으로 결집해 왔으나, 이후 시대적 분위기에 따라 각기 파조를 중심으로 하는 독립적인 서원·사우를 건립해 나갔다. 1738년에 이언적의 아우인 이언괄의 후손들은 안동권씨와 연합하여 운천서원雲泉書院을 건립하였고, 1779년에는 덕동德洞에 세거하는 여강이씨 향단파 후손들이 중심이 되어 이번과 이언괄을 배향하는 세덕사世德祠를, 1840년에는 무첨당파가 중심이 되어 이의윤을 배향하는 경산사景山祠를 양동마을 내에 건립하였다. 1780년에는 여강이씨 서파들이 그들의 조상인 이전인을 배향하는 장산사章山祠(1797년 서원으로 승격)를 건립하였다. 비록 18세기 이후 여강이씨 내에 여러 분파가 생겨 각파별로 활발한 문중활동이 전개되었지만, 문중에 대소사가 발생하면 종가와 옥산서원을 중심으로 합심하여 일을 처리해 나갔다.

혈연적 유대와 더불어 혼인관계는 명문가문으로서의 지위를 유지하는 데 중요한 밑바탕이 되었다. 여강이씨는 영남지역을 대표했던 가문이었던 만큼 혼인 범위는 인근 타 문중에 비해 매우 광범위하였다. 여강이씨는 이언적이 동방오현으로 문묘에 배향되자 그 후예라는 후광을 안고 영남을 대표하는 '혼반婚班'으로 알려지면서 18세기부터는 통혼권이 확대되어 영남의 유수한 명문들과 혼인하게 되었다. 여강이씨 종가의 직계가계와 그들의 통혼권을 정리해 보면 다음의 표와 같다.

# 【여강이씨 종가의 가계와 통혼권】

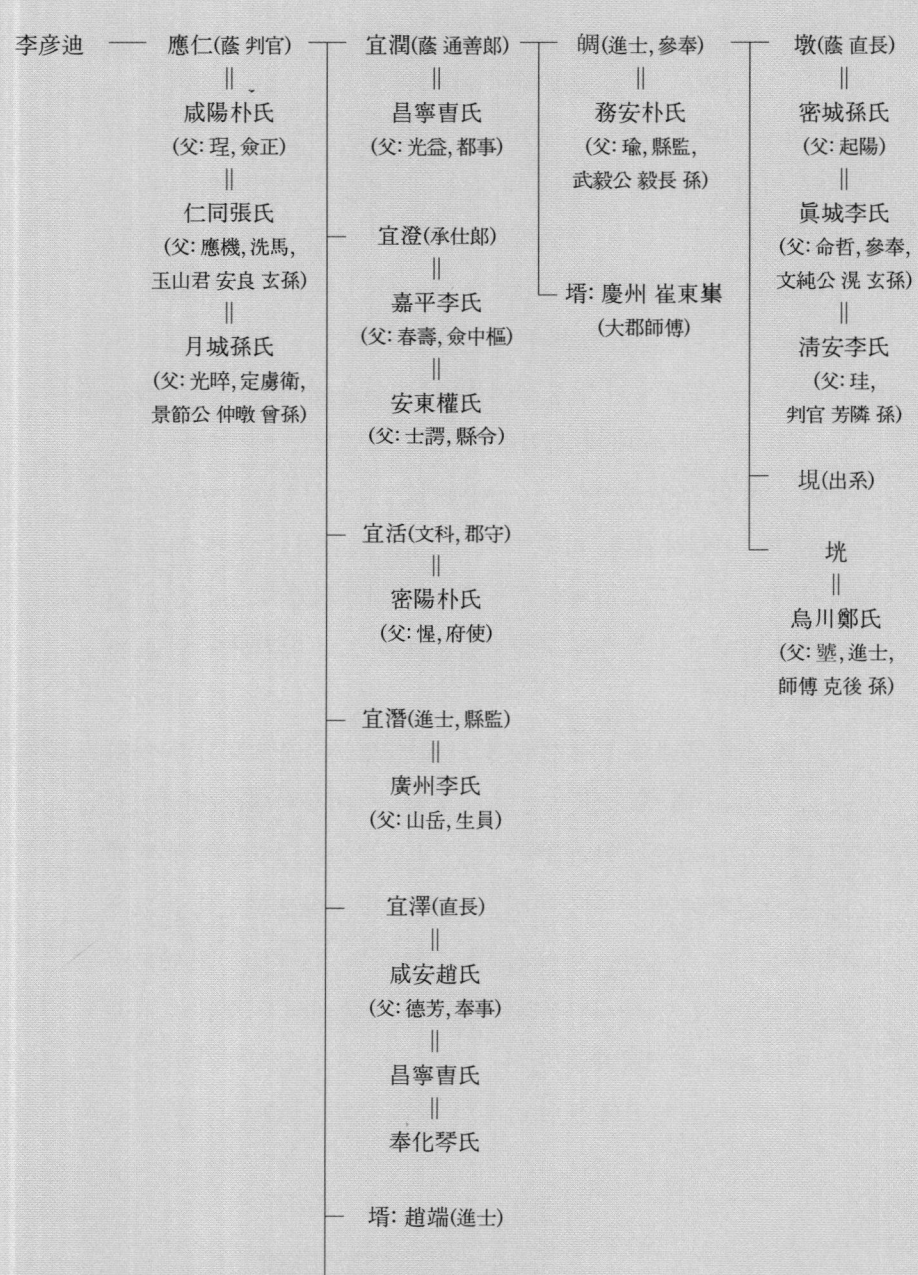

```
─ 德種                誠中(司馬, 直長)        憲祖 ──── 鼎厦(贈司僕寺 正,
  ‖                    ‖                    ‖           生父:憲曾)
  順天金氏              商山金氏              載寧李氏      ‖
  (父:斗望, 參奉,        (父:鍵, 參奉,         (父:檃, 參奉,  豊山柳氏
  應敎 光燁 曾孫)        承旨 弘敏 曾孫)        贈判書 時明 孫) (父:灦,
                        ‖                                   文敬公 雲龍 后)
─ 德重                  羲城金氏
  ‖                    (父:時鐸)             憲翼
  慶州崔氏                                    ‖
  (父:國瑃, 參奉,        安東權氏              月城孫氏
  貞武公 震立 孫)        (父:迀)              (父:是構, 贈參判,
                                             景節公 仲暾 后)
─ 德用              ─ 致中(早歿)
  ‖                                          憲武
  龍宮全氏          ─ 壻: 月城 崔慶徵          ‖
  (父:爾坦,                                   月城李氏
  兵使 達 曾孫)      ─ 壻: 載寧 李樑          (父:克善, 通德郎)

─ 德鳳(蔭 通德郎)   ─ 壻: 月城 孫是棕        ─ 壻: 月城 孫雲著
  ‖
  烏川鄭氏                                   ─ 壻: 奉化 琴佑烈
  (父:沈, 郡守,
  師傅 克後 后)                              ─ 壻: 烏川 鄭燁

─ 壻: 昌寧 成文昌                            ─ 壻: 長水 黃範
     (參奉)
                                            ─ 壻: 昌寧 曹義佑
─ 壻: 仁同 張萬成

─ 壻: 密陽 孫碩基
     (武府使)

─ 壻: 順川 朴命亨
```

```
鼎厦 ─┬─ 元祥(文科, 贈副提學,   ┬─ 在正(郡守)           ┬─ 能玄(進士) ──    容久(蔭 縣監,
       │   生父: 鼎象)          │   ‖                  │                      生父: 能燮)
       │   ‖                   │   豐山柳氏            │                      ‖
       │   延安李氏            │   (父: 相祚, 豐安君,  │                      眞城李氏
       │   (承延, 僉中樞,      │   文忠公 成龍 后)     │                      (父: 彙溥, 牧使,
       │   觀徵 后)            │   ‖                  │                      文純公 滉 后)
       │                      │   聞韶金氏            │   晉陽鄭氏
       │                      │   (父: 鑽運,          │   (父: 民秀, 參奉,
       │                      │   文忠公 誠一 后)     │   文莊公 經世 后)
       │                      │                      │   ‖                   清州鄭氏
       │                      │                      │   聞韶金氏            (父: 均,
       │                      │                      │   (父: 熙棨,          文穆公 逑 后)
       │                      │                      │   文忠公 誠一 后)
       └─ 壻: 務安 朴祚永      │
                              │                      ├─ 能燮(文科, 參判)
                              ├─ 在直(文科, 校理)    │   ‖
                              │   ‖                  │   廣州李氏
                              │   慶州崔氏            │   (父: 定雲,
                              │   (父: 祈永, 生員,    │   參議 潤雨 后)
                              │   貞武公 震立 后)    │
                              │                      │
                              │                      ├─ 能岦
                              │                      │   ‖
                              ├─ 壻: 義城 金鎭華     │   全州崔氏
                              │   (牧使)              │   (父: 雲應, 進士,
                              │                      │   定簡公 晛 后)
                              │
                              │                      │
                              └─ 壻: 全州 柳宅鎭     │
                                                     │
                                                     └─ 能奕(司馬, 蔭 參奉)
                                                         ‖
                                                         務安朴氏
                                                         (父: 宗秀,
                                                         武毅公 毅長 后)
```

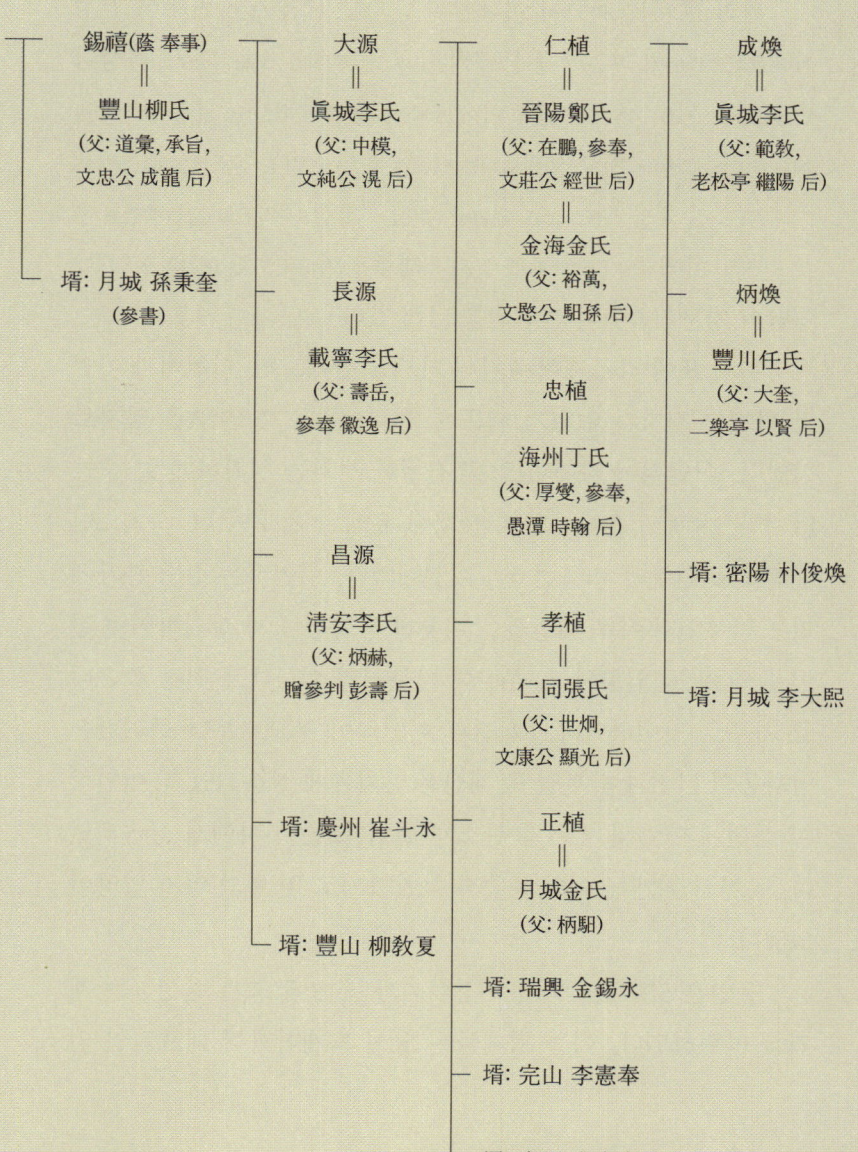

위의 표에서 보듯이 여강이씨 종가는 17세기 후반부터 진성이씨眞城李氏(李滉 후손)·풍산류씨豊山柳氏(柳雲龍·成龍 후손)·의성김씨義城金氏(金誠一 후손)·광주이씨廣州李氏(李潤雨 후손)·서흥김씨瑞興金氏(金宏弼 후손)·청주정씨淸州鄭氏(鄭逑 후손)·인동장씨仁洞張氏(張顯光 후손)·진양정씨晉陽鄭氏(鄭經世 후손)·재령이씨載寧李氏(李徽逸 후손)·연안이씨延安李氏(李觀徵 후손)·해주정씨海州丁氏(丁時翰 후손) 등 영남의 명문거족들과 혼인권을 넓혀 갔다.

위의 표에 의거하여 종가의 가계를 살펴보면, 이언적과 이언괄 형제는 적자가 없었기 때문에, 두 사람 다 종질從姪을 양자로 삼았다. 이언적이 양자 입양을 결정한 시기는 정확하게 알 수는 없지만, 대체로 을사사화로 강계에 유배된 지 2년 뒤, 죽기 2년 전인 1549년부터 1551년 6월 이전이었다. 이언적은 경주 본가에 있는 박부인과 아우 이언괄을 비롯한 양좌동 쪽과 상의하여 종질인 응인應仁을 입향하고, 곧이어 박부인의 의사대로 친정 종손녀를 자부로 맞이하였다. 그 결과 이언적이 부모로부터 물려받은 양좌동의 터전과 박부인 쪽 재산은 양자에게 상속되었고, 이언적이 생전에 마련해 놓은 옥산소재 별업別業은 서자에게 상속되었다. 종가의 직계는 여타 문중과 마찬가지로 몇 번의 양자 입양이 있었다.

응인은 5형제를 두어 여강이씨가 후대에 크게 번성하는 계기를 마련하였다. 이들 형제들은 당시 퇴계학파의 대표적인 인물인 정구鄭逑와 조호익曺好益 등의 문인이었다. 그중 셋째인 의활은 문과에 급제하여 군수를 역임하였고, 넷째인 의잠은 진사로 현감을 역임하였지만, 맏이인 이의윤은 당시 영남학파를 대표했던 한강寒岡 정구鄭逑의 문인으로 장래가 촉망되었으나 34세의 젊은 나이에 죽음으로써 그 뜻을 펴지 못했다. 이의윤이 임란 당시에 국가에 징집되었을 때 병이 있어 나아가지 못하자 다섯째 아우인 의택이 형을 대신해 전쟁에 참가하는 등 형제간에 우애가 깊었다. 그는 병고에 시달리던 맏형을 도와 군량미 모집에 공을 세워, 전란 중 경주 부윤 박의장朴毅長이 그를 이순신에게 추천하였다. 그리하여 한산도로 가서 이순신을 보좌하며 공을 세웠다. 이에 이순신이 그의 공을 조정에 보고하여 군자감 직장軍資監直長에 임명되기도 하였다.

종가의 혼인관계에서도 보면 종손과 종녀의 혼인이 많다. 현 종손의 조모는 17세기 영남학파를 대표했던 우복愚伏 정경세鄭經世 종가의 종녀이다. 우복종가의 종녀 또 한 사람은 서애 류성룡의 종부로 시집을 갔다. 이렇게 보면 회재晦齋 종손과 서애西厓 종손은 이종사촌 간이 된다. 이의윤의 사위는 경주최씨로 대구 옻골에 터전을 잡은 대군사부大君師傅를 역임한 최동집崔東㠍이고, 또 현 종손의 8대조 이원상은 딸을 의성김씨 학봉종가에 시집보냈다. 그녀의 아들은 한말에 영남을 대표하는 학자인 서산西山 김흥락金興洛이다. 김흥락은 종손의 생가 6대조로 대원군 당시에 이조·예조 참판을 역임한 이능섭李能燮과는 내외종 간이다. 이렇게 볼 때 이 시기에 한 사람은 영남에서 또 한 사람은 중앙정계에서 영남을 대표하여 활약하였다. 그리고 현 종손의 어머니는 예안의 퇴계 큰집인 노송정老松亭의 종녀이다. 현재의 종부는 청송의 평산신씨 판사공파 종손의 종고모가 된다. 이와 같이 회재종가의 혼인관계는 영남의 대표적인 명문가문과 서로 얽히고설킨 혼인관계를 유지하고 있다. 이러한 중첩적인 혼인관계는 명문가로서의 지위를 유지하는 데 중요한 사회적 기반이 되었다.

# 제2장 종가의 역사

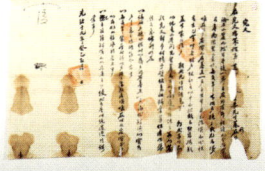

# 1. 이언적의 생애와 사상 – 퇴계학의 선구

　이언적은 선조 즉위 후 사림정치士林政治 시대의 개막과 함께 김굉필·정여창·조광조·이황과 더불어 '동방오현'으로 추존되면서 조선 성리학의 적통을 계승한 인물로 확정되었다. 특히 김·정·조 선배 3현賢이 모두 별다른 학문적 저술을 남기지 못한 데 비해 이언적은 귀향처에서 많은 성리학적 저술을 남김으로써, 최초의 사림파 이데올로기의 이론적 체계화를 달성한 인물로 평가된다. 이러한 이언적의 학문은 16세기 후반 조선조 성리학의 완성자인 퇴계로 이어지면서 사림파 내에 더욱 확고히 자리잡았다. 먼저 문집 소재 「연보」에 의거 이언적의 생애와 업적을 요약·정리해 보면 다음 표와 같다.

**【회재 이언적의 생애와 업적】**

| 연대 | 나이 | 주요 사항 |
|---|---|---|
| 1491(성종 22) | 1세 | 11월 25일 성균 생원 번蕃의 맏아들로 양좌촌 외가인 서백당에서 출생. |
| 1500(연산군 6) | 10세 | 2월 14일 선친 서거. |
| 1502(연산군 8) | 12세 | 복服을 마치고 외삼촌 손중돈에게 종학從學함. 당시 손중돈은 양산·김해·상주 등지의 외임으로 있었기 때문에 임소를 따라 다니며 수학함. |
| 1508(중종 3) | 18세 | 함양박씨咸陽朴氏를 부인으로 맞이함. |
| 1513(중종 8) | 23세 | 생원시에 입격入格함. |
| 1515(중종 10) | 25세 | 경주 주학교관州學教官에 임명됨. |
| 1517(중종 12) | 27세 | 원일元日에 오잠五箴을 지어 스스로 경계함. 망재忘齋 손숙돈孫叔暾과 망기당忘機堂 조한보曺漢輔의 무극태극설無極太極說을 비판함. 7월에 부정자副正字, 10월에 정자正字에 오름. |
| 1518(중종 13) | 28세 | 조한보의 선학禪學 내지 육왕학적陸王學的 사상과 그 위학爲學 방법을 비판함. 5월에 저작著作에 오름. 12월에 조부상을 당함. |
| 1520(중종 15) | 30세 | 「입잠立箴」을 지음. |
| 1521(중종 16) | 31세 | 8월에 박사博士에 선임됨. 왕명으로 이름에 '언彦' 자를 더함. 「이윤오취탕론伊尹五就湯論」을 지음. |
| 1522(중종 17) | 32세 | 2월에 세자(인종) 시강원侍講院 설서說書에 임명되자 차자箚子를 올려 세자를 보양輔養하는 도道를 논함. |
| 1523(중종 18) | 33세 | 성균관 전적典籍, 4월에 병조 좌랑, 12월에 이조 좌랑에 임명됨. |
| 1524(중종 19) | 34세 | 6월에 모부인 봉양을 빌어 인동 현감仁同縣監이 되고, 춘추관 기사관春秋館記事官을 겸함. |
| 1526(중종 21) | 36세 | 7월에 사헌부 지평持平, 8월에 병조 좌랑, 경상도 어사, 10월에 이조 좌랑에 임명됨. |
| 1527(중종 22) | 37세 | 8월에 사헌부 장령掌令에 임명됨. |
| 1528(중종 23) | 38세 | 6월에 성균관 사성司成, 8월에 경상도 어사, 12월에는 모부인 봉양을 빌어 밀양 부사에 임명됨. |

| 1530(중종 25) | 40세 | 11월에 사간원 사간司諫에 임명됨. |
| --- | --- | --- |
| 1531(중종 26) | 41세 | 1월에 김안로金安老의 기용을 반대하다가 성균관 사예司藝로 좌천되고, 곧이어 그 일당들의 탄핵을 받아 파직되어 향리로 돌아옴. |
| 1532(중종 27) | 42세 | 자옥산紫玉山 계곡에 별업別業인 독락당을 지음. 학문에 몰두하면서 많은 시를 지음. |
| 1537(중종 32) | 47세 | 11월에 김안로가 죽자 재등용, 홍문관 부교리 등을 거쳐 교리로 임명됨. |
| 1538(중종 33) | 48세 | 2월에 의정부 검상檢詳에 임명되고, 3월에 청백리로 가자加資됨. 5월에 병조 참지兵曹參知에 임명되고, 10월에 전주 부윤으로 나감. |
| 1539(중종 34) | 49세 | 전주 백성들이 송덕비頌德碑를 세움. 10월에 왕지王旨에 의하여 「일강십목소一綱十目疏」를 올림. 12월에 병조 참판 겸 세자 우부빈객右副賓客에 임명됨. |
| 1540(중종 35) | 50세 | 4월에 예조 참판, 6월 성균관 대사성, 10월 사헌부 대사헌에 임명됨. |
| 1541(중종 36) | 51세 | 9월에 한성부 판윤判尹에 오름. |
| 1542(중종 37) | 52세 | 1월에 이조판서에 임명됨. 이후 우참찬右參贊·대사헌·형조판서·예조판서·좌참찬 등에 임명되었으나 모두 사양하였지만 허락되지 않음. |
| 1543(중종 38) | 53세 | 계속적인 사양에도 불구하고 홍문관 제학提學에 임명됨. 7월에 경상도 관찰사에 임명됨. |
| 1544(중종 39) | 54세 | 중종이 승하하고 인종이 즉위함. |
| 1545(인종 원년) | 55세 | 계속적인 사양에도 불구하고 우찬성右贊成·좌찬성에 임명됨. 수렴청정의 논의를 결단함. 신왕新王의 선도善導와 보좌輔佐를 내용으로 하는 10조의 건의를 서계書啓함. 8월에 윤원형 일파의 사화 음모에 사림의 피해를 줄이고자 부득이 충순당忠順堂 회의에 참여함. 이후 위사공신衛社功臣에 이름이 올랐으나 "비단 당시의 사람들에게 희롱을 받을 뿐만 아니라 만세에 웃음거리를 남길 것이다"라는 전문箋文을 올려 극력 사양함. |
| 1546(명종 원년) | 56세 | 9월에 이언적의 본의를 간파한 이기·윤원형 등이 훈작勳爵을 |

| | | |
|---|---|---|
| | | 빼앗음. |
| 1547(명종 2) | 57세 | 윤9월에 양재역벽서良才驛壁書 사건으로 강계부에 안치됨. |
| 1548(명종 3) | 58세 | 6월 18일에 대부인이 별세함. |
| 1549(명종 4) | 59세 | 10월에 『대학장구보유大學章句補遺』・『속대학혹문續大學或問』 각 1권이 완성됨. |
| 1550(명종 5) | 60세 | 8월에 『봉선잡의奉先雜儀』, 10월에 『구인록求仁錄』・「진수팔규進修八規」가 완성됨. |
| 1553(명종 8) | 63세 | 『중용구경연의中庸九經衍義』 집필 중 완성치 못하고 11월 23일에 병환으로 별세함. 12월 12일에 강계에서 운구를 시작하여 그 다음 해 2월에 향리에 도착함. |
| 1566(명종 21) | | 복작復爵됨. |
| 1567(선조 즉위년) | | 11월에 교서를 내려 이언적의 유저遺著를 수방搜訪하도록 명함. |
| 1568(선조 1) | | 2월에 대광보국숭록대부大匡輔國崇祿大夫 의정부영의정議政府領議政 겸 영경연領經筵 홍문관弘文館 예문관藝文館 춘추관春秋館 관상감사觀象監事에 추증追贈됨. 3월에 예관禮官을 보내어 치제致祭함. |
| 1569(선조 2) | | 8월에 '문원文元'이라 증시贈諡되고, 명종 묘정廟庭에 배향됨. |
| 1572(선조 5) | | 향인들이 옥산 독락당 아래에 서원을 세움. |
| 1573(선조 6) | | 2월 정묘에 서악향현사西岳鄕賢祠에서 위판을 옮겨와 서원에 봉안함. 12월 3일에 옥산서원이라 사액됨. |
| 1574(선조 7) | | 경주 부윤 이제민李齊閔이 경상 감사 노진盧禛에게 건의하여 협조를 받아 문집을 간행함. |
| 1610(광해군 2) | | 8월에 예조 정랑 남이준南以俊을 보내어 가묘에 사제賜祭함. 9월에 동방5현의 한 분으로 문묘文廟에 종사됨. |

위의 표에서 나타나듯이, 이언적은 16세기 전반기를 대표하는 학자일 뿐만 아니라 이 시기의 대표적인 사림파 관료이기도 했다. 동시대의 서경덕徐敬德이 한미한 양반 출신의 대표적인 재야학자라고 한다면, 이언적은 이른바 참여정신에 투철한 관료학자로 활동하였다. 따라서 그의 철학은 우주론·심성학 등 인간 내면세계에 대한 관심 못지않게 관학자다운 정치적 성향을 뚜렷이 지니고 있었다.

이언적(초명은 적이었으나 중종의 명으로 '언' 자를 더하였음)은 자字는 복고復古, 호號는 회재晦齋 또는 자계옹紫溪翁이다. 1491년(성종 22) 11월 25일 경주부 양좌촌에서 아버지 성균 생원 번과 어머니 손씨부인(적개공신 손소의 따님) 사이의 맏아들로 태어났으며, 57세 때 을사사화로 강계부에 유배되어 6년 뒤 1553년(명종 8) 63세의 일기로 일생을 마쳤다.

이언적은 우리나라 역사상 정치적 파란이 가장 심했던 시기의 하나인 사화기에 일생을 보냈다. 이언적이 일생을 보냈던 16세기 전반은 조선왕조의 기본적인 통치 질서의 누적된 모순으로 인해 점차 동요·변화를 보이는 시기였다. 정치적으로는 집권훈구세력이 점차 귀족화되었고 사회·경제적으로는 권세가의 권력을 매개로 한 부정·부패가 만연하였다. 더불어 대농민수탈이 강화됨으로써 농민의 부담이 가중되고 있던 시기였다. 이러한 권세가의 농민수탈은 농민의 유망을 가져왔고, 농민 유망에 따른 농촌사회의 동요는 중소지주층이 주류를 이루던 사림파의 재지적 기반을 위협하였다. 이는 더 나아가 국가의 근본을 위협하는 것으로 인식되었다. 이 시기 사림파의 훈구파에 대한 공격은 여기에서 출발한 것이다.

이러한 사회적 분위기 속에서 이언적은 중종 9년 별시에 급제한 이래 내외의 관직을 두루 역임하면서 자신의 정치철학을 펴 나갔다. 이언적의 사환仕宦은 장년기에는 홍문관·시강원·성균관 등 문한직文翰職과 사헌부·사간원 등 언관직言官職을 역임하였다. 이들 직임은 국왕과 세자 가까이에서 학문적인 영향을 끼칠 수 있는 자리였다. 이언적의 사환관은 선배인 조광조 등 기묘사림들과는 일정한 차이가 있었다.

당시 훈구·척신계로 야기된 사회적 문제에 대해 사림파의 대응은 크게 두 가지 방향으로 나타난다. 하나는 향촌사회를 안정시키는 방도를 직접 강구하는 것이고, 다른 하나는 중앙의 왕정을 바로잡도록 하는 것이다. 전자는 성종 대 김종직을 중심으로 한 향사례·향음주례의 보급운동으로 처음 시도되었으나 무오사화戊午士禍로 인해 실패로 돌아갔다. 그 뒤 조광조를 중심으로 한 기묘사림에 의해 향약보급운동으로 이어졌지만 이 역시도 기묘사화로 전면 폐지되었다. 후자는 연산군의 폭정을 경험하면서 구체화된 것으로 천하의 모든 일은 인주人主의 마음에 본원本源한다는 인식 아래 『대학』에 기초하여 군주를 성학의 세계로 이

끌어야 한다는 것이다. 이언적의 관심은 여기에 있었다.

이언적은 『소학』을 성학의 기초로 중요시하였지만 치세의 근본적인 대책은 『대학』에서 구하고 있었다. 그는 이미 중종 6년 21세 때 지은 「문진부問津賦」에서 철왕哲王에 의한 제세濟世를 희구해 마지않는 뜻을 피력하였다. 기묘사화 후 2년 만에 국왕의 부름을 받고 이에 응하면서 그는 「이윤오취탕론伊尹五就湯論」을 지어 자신의 사환관을 재정리하였다. 즉 탕湯의 요청으로 개과천선에 이바지하고자 폭군 걸桀에게 나아가기를 멈추지 않은 이윤伊尹의 뜻을 헤아리면서, 자신이 벼슬에 나가는 것은 자신도 이윤처럼 군주를 요순과 같이 되게 하고, 그 백성 또한 요순시대와 같이 살 수 있게 만들기 위해서였다. 그런 가운데서도 이언적은 훈구·척신계의 사림파에 대한 위해危害에 대해서는 강하게 비판하였다.

중종 26년 당시 조정 여론은 아들을 임금의 사위로 들여보내 중종과 사돈이 된 김안로金安老에게 세자를 가르치고 돌보는 일을 맡기자고 하였다. 하지만 이언적은 혼자서 김안로가 소인임을 지적하여 반대하다가 좌천되었고, 얼마 안 가 다시 파직되어 향리로 낙향하였다.

47세 되던 해 권력을 마음대로 휘두르던 김안로가 문정왕후를 내쫓으려고 모의하다 발각되어 죽자 그 이듬해 중종은 이언적을 가장 먼저 다시 불러들였다. 그는 언관직에 포진하여 사림파와 함께 언론활동을 통하여 천거과薦擧科 복설, 정치 기강의 쇄신 등을 주장하였다. 48세 때에는 청백리에 녹선되었으며, 그 다음 해에는 단 1년간의 전주 부윤 재직으로 송덕의 대상이 되기도 하였다. 중종 34년에는 중종이 옛날의 진덕수眞德秀도 이를 능가하지 못할 것이라고 찬탄한 「일강십목소一綱十目疏」를 왕의 뜻을 받들어 지어 올렸다. 이 소疏는 이언적의 정치사상의 진수를 담고 있는데, 이는 『대학』의 세계에 본원을 두면서 그간 김안로의 전횡에 휘말린 중종에 대한 엄격한 비판의 뜻을 담고 쓰인 것이다. 중종은 이 소를 동궁과 외조外朝에 두루 보여 규범으로 삼게 하였고, 겉옷과 속옷을 한 벌씩 하사하면서 가선대부嘉善大夫로 삼았다. 「일강십목소」는 임금 마음을 바로잡는 일을 근본으로 삼고 이를 바탕으로 나라를 다스리는 세목을 밝힌 것이다. 이후 그는 문한·언관직 및 육조·의정부 등의 당상직을 두루 역임하였다.

　1544년에 중종이 승하하고 인종이 즉위함으로써 사림파는 좀 더 호전된 상황을 맞게 되었다. 중앙정부 구성상에 있어서 사림파의 비중이 좀 더 커진 것이 그러한 변화들 중의 하나이다. 이때 이언적은 권벌權橃 등과 함께 이상貳相의 직에 기용되었으며, 육조와 대간직에도 사림파가 다수 포진하였다. 이언적은 인종의 승하가 임박한 시점에 좌찬성에 올랐으나, 인종이 즉위 8개월 만에 승하하자 정국은 다시 사림파에게 어려운 국면이 되었다.

　명종이 어린 나이에 즉위하면서 상황은 급변하여 외척의 영향력이 크게 강화되기 시작하였다. 이 시기 대표적인 외척은 장경왕후章敬王后 소생의 인종을 지지하는 윤임尹任 중심의 대윤大尹과 문정왕후 소생의 경원대군慶源大君을 지지하는 윤원로尹元老·윤원형尹元衡 형제 중심의 소윤小尹이었다. 양측은 서로 대립하다가 명종의 외척들이 인종의 외척과 사림을 한데 묶어 몰아내기 위하여 간신들과 짜고 을사사화를 일으켰다.

    을사사화 때 이언적은 판의금부사判義禁府事를 맡고 있었기 때문에 충순당忠順堂에서 죄를 논하는 일에 참여하였다. 그 자리에서 이언적은 "신하의 의리는 마땅히 임금 섬기는 일에 전념하는 것이니 인종에게 벼슬하면서 마음을 다해 섬겼던 사람들을 어찌 크게 죄줄 수 있겠는가"라고 반대하였다. 이어 위사공신衛社功臣에 봉해졌지만 너무 지나치다는 소를 올렸다. 이언적의 이러한 처신에 대한 평가가 뒷날 크게 둘로 갈라졌다. 이이와 그 문하생들은 윤원형 일파의 횡포에 강하게 맞섰던 권벌權橃과 달리 적극적인 모습을 보이지 않았다고 비판하였다. 하지만 류성룡柳成龍은 윤원형 일파에 맞서 적극적으로 대응하면 더 큰 희생을 불러올 것을 염려하여 고육지책으로 그렇게 했을 뿐이며, 그런 점에서 권벌의 적극적인 대응보다 이언적의 현실적인 대응이 더 의미가 있다고 평하였다.

    이언적은 56세 때 판중추부사判中樞府事로 있다가 이기李芑와 윤원형 등의 참소로 관작을 삭탈당하였다. 다음 해 을사사화의 소용돌이가 마무리되면서 어린 명종 대신 수렴청정으로 권력을 휘두르던 문정왕후와 그 측근들을 비방하는 글이 양재역 벽에 붙는 사건이 발생하자 57세의 나이에 평안도 강계로 귀양을 갔다. 하지만 이 유배 기간이야말로 이언적에게는 학문의 깊이를 다질 수 있는 귀중한 시기였다.

유배지에 있으면서 59세 되던 해에 『대학장구보유大學章句補遺』와 『속대학혹문續大學惑問』을 지었고, 60세 되던 해 8월 조선조 예학의 선구가 되는 『봉선잡의奉先雜儀』를 완성하였으며, 10월에는 선현들이 인仁에 대해 말한 좋은 구절을 뽑아 모아서 해설을 붙인 『구인록求仁錄』을 저술하였다. 또한 같은 해에 나라를 다스리는 요점을 정리해서 임금에게 올릴 생각으로 「진수팔규進修八規」를 지었고, 63세 되던 해에는 『중용구경연의中庸九經衍義』를 저술하다가 완성을 보지 못하고 별세하였다.

이언적의 서자 전인全仁은 강계에 함께 머물면서 아버지의 수발을 들었고, 다른 한편으로는 학문을 배웠다. 그리고 이언적이 세상을 떠나자 그의 시신을 고향으로 운구해 왔다. 이언적이 죽은 뒤 전인의 요청으로 퇴계가 행장行狀을 지었고, 선조는 즉위한 그해 이언적이 남긴 글을 찾아 모으도록 명을 내렸으며, 이듬해 대광보국숭록대부大匡輔國崇祿大夫 의정부議政府 영의정領議政 겸兼 영경연領經筵 홍문관弘文館 예문관藝文館 춘추관春秋館 관상감사觀象監事에 추증하였다. 그리고 선조 2년(1569)에는 문원文元이라는 시호를 내리고 명종의 묘정廟廷에 모셨다. 문원의 문文은 '도와 덕이 높으며 학문이 넓다'는 뜻의 '도덕박문道德博文'에서 따왔고, 원元은 '의를 주로 삼아 덕을 행한다'는 뜻의 '주의행덕主義行德'에서 따온 것이다. 뒷날 이언적을 문묘文廟에 모시자는 논의에서 이이와 그 제자들은 을사사화 때 강력하게 대처하지 못한 처신과 경제에 관한 재주가 없다는 이유로 반대하였고, 류성룡은 강직하게만 대처했다가는 사림들이 더 큰 화를 입게 될 것을 걱정하여 그렇게 처신한 것이라고 변호하였다. 이 같은 여러 차례의 논의를 거쳐 1610년(광해군 2) 조선 초기 대표적 사림파였던 김굉필·정여창·조광조·이황과 함께 문묘文廟에 모셔졌다.

이언적의 문집은 1574년(선조 7) 경주 부윤 이제민李齊閔이 경상 감사 노진盧禛에게 건의하여 국가의 지원을 받아 『회재선생문집晦齋先生文集』이라는 이름으로 간행되었다. 이언적의 저술 가운데 먼저 주목할 것은 무극태극에 관한 논변이다. 이 논변은 한국 유학사상 현재 남아 있는 최초의 논쟁으로서, 1517년(중종 12) 27세 때 있었던 셋째 외숙 망재忘齋 손숙돈孫叔暾과 망기당忘機堂 조한보曺漢輔 사이의 논쟁에서 비롯되었다. 두 사람은 모두 일찍이 진사시험에 합격한 나이 지긋한 학자들로서, 중앙정계에 진출한 인물들은 아니었지만 경주 일대에서는 잘 알려진 사람들이었다. 그런데 이언적이 우연한 기회에 친구 사우당四友堂을 통해 조한보가 손숙돈에게 보낸 편지를 얻어 보게 되었고, 그 글을 본 이언적이 두 사람 모두의 견해를 비판하는 논평을 썼는데, 그 글이 다시 사우당을 통해 조한보에게 전해졌다. 그러자 조한보가 그 비평에 대한 반박 편지를 보내오면서 논쟁이 시작된 것이다.

조한보와 손숙돈 두 사람은 모두 노장적인 학문 경향뿐만 아니라 육상산의 학설과 불교적인 생각까지 가지고 있었다. 본래 태극에 대한 논쟁은 주희와 육상산의 논쟁이 효시였다. 하지만 주희와 육상산의 논쟁이 만물의 본질이 무엇인가를 따지는 것이었다면, 이언적과 조한보의 논쟁은 만물의 본질인 진리가 어디에 있으며 어떻게 깨달아서 실천으로 나아갈 수 있는지를 따진 논쟁이었다. 이런 과정을 통해 이언적은 자신의 철학을 정립해 갔으며 아울러 한국 성리학의 기초를 다지는 데 큰 공헌을 하였다. 그래서 퇴계는 이 논쟁에 대해 '위도衛道의 공이 크다'고 높이 평가하였고, 또한 논쟁 과정에서 오간 이언적의 편지글은 선조 때 조선에 온 명나라 사신이 조선에도 공맹孔孟의 심학心學이 있는지를 물으면서 보기를 청하였을 때 그들에게 보여 주었을 정도로 한국 성리학의 진수를 보여 주는 탁월한 글이다.

이 논쟁과 관련된 이언적의 글을 묶은 책이 『태극문변太極問辨』이다. 이 책은 처음에 이언적의 글 5편을 그의 손자인 준浚이 퇴계에게 보이자 퇴계가 크게 찬탄하였고, 그 후 준이 다시 정구에게 비평을 청하였을 때 정구가 주희와 육구연 형제 사이의 주륙논쟁朱陸論爭과 함께 묶어 간행하면 주돈이周敦頤 이래 전개된

태극설의 정통을 밝히게 될 것이라고 권하여 간행하게 되었다.

다음으로 중요한 저술은 『대학장구보유』와 『속대학혹문』이다. 이 두 책은 이언적의 사상을 잘 드러내는 책으로 서로 표리表裏가 되는 저술이다. 『대학』은 본래 『예기』 속에 들어 있던 한 편의 글이었는데 송나라 때에 이르러 성리학자들이 주목하면서 사서 가운데 하나가 된 책이다. 하지만 이 책에 대해서는 순서가 잘못되었다는 지적이 있었고, 정이는 자신의 생각대로 순서를 바로잡았으며, 주희 또한 순서를 바로잡았을 뿐 아니라 빠진 부분이 있다고 생각하여 정이의 주장을 바탕으로 124자의 글자를 새로 집어넣은 '격물보망장格物補亡章'을 만들어서 『대학장구』를 편찬하였다. 하지만 이언적은 주희의 견해를 따르지 않고 자신의 생각대로 순서만 바꾸어 『대학장구보유』를 편찬한 것이다. 따라서 이 책에는 『대학』에 대한 이언적의 독창적인 사상이 잘 나타나 있다. 또한 『속대학혹문』은 주희가 『대학혹문大學或問』을 지어 『대학장구』를 만든 자신의 생각을 밝힌 것처럼 『대학장구보유』를 만든 이언적 자신의 생각을 밝힌 책이다. 훗날 정조는 이 책을 간행하면서 직접 서문을 써서 앞에 붙였는데, 그 글에서 이언적의 저술 동기를 높이 사면서 '주희를 잘 배웠다'고 극찬하였다.

『중용구경연의』는 수신·제가·치국·평천하에 관한 저술인데, '중용9경'이란 천하 국가를 다스리는 아홉 가지 구체적인 방법을 말한다. 『중용구경연의』는 매우 방대한 저술이지만 미완성에 그친 아쉬움이 있다. 『구인록』은 『논어』와 『맹자』를 비롯하여 유가의 여러 경전에 나오는 인仁에 관한 견해들을 모아 놓은 책이다. 이 책은 인을 치국평천하의 근본으로 파악한 이언적의 생각을 잘 담고 있는데, 사화를 겪은 입장에서 인의 실현을 통해 자신의 희망을 구체화해 보려 했던 노력인 셈이다.

『봉선잡의』는 조선 예학 발달의 선구가 되는 저술이다. 이 책은 『주자가례朱子家禮』를 대본으로 하면서도 당시 행해지는 범절 가운데 마땅하다고 생각되는 것들을 덧붙였고, 아울러 『예기』와 여러 선현의 글 가운데 제례의 뜻을 잘 밝힌 것들을 합쳐서 완성하였다. 이로부터 조선 후기에 이르기까지 많은 집안에서 이를 본뜬 저술들이 나왔다.

이상에 설명한 저술들을 볼 때 이언적의 학문은 독창적인 요소를 많이 지니고 있다고 할 수 있다. 그는 『대학장구보유』와 『속대학혹문』, 『봉선잡의』 등에 보이는 것처럼 성리학에 침잠하여 정주程朱의 학설을 따르면서도 답습으로 끝난 것이 아니라 독창적인 생각을 바탕으로 자신의 학문을 펼쳤으며, 개인적인 도덕 수양에 머무르지 않고 이를 사회적으로 실현하기 위한 노력을 아끼지 않았던 것이다.

이언적은 자신의 호인 회재와 이황의 호인 퇴계의 앞 글자를 따서 회퇴학파晦退學派라고 불릴 정도로 퇴계에게 많은 영향을 주었고, 그 결과 영남 사림들의 성리학 형성에 선구적인 역할을 하였다. 퇴계는 이언적의 「행장行狀」에서 다음과 같이 말하며 극찬하였다.

> 선생은 따로 이어받은 곳도 없이 스스로 이 학문에 힘써서 남 모르는 사이에 날로 드러나고 덕德이 행行과 부합하였으며 뚜렷이 문장으로 나타내고 훌륭한 말을 후세後世에 남겼으니, 이러한 분을 우리나라에서 구한다면 그에 짝할 만한 사람이 거의 없을 것이다.

이언적은 결국 퇴계의 적극적인 추존에 의해 일국사림一國士林의 공론公論으로 종묘배향·문묘종사됨으로써 신하로서, 학자로서 최고의 영예를 향유하면서 확고부동한 유현儒賢의 위치를 지키게 되었다.

## 2. 종가의 인물

　　양동마을의 여강이씨는 조선시대 경주지역에서 가장 많은 문과와 사마시 합격자를 배출하였고, 또한 가장 많은 문집을 남겼다. 『교남지』에 의하면 조선시대 경주 출신으로 문과 급제자는 모두 59명인데 이씨가 21명이고, 생원·진사과 출신(文科 제외)은 모두 87명인데 이씨가 24명으로 여강이씨가 압도적으로 많다. 특히 문과 급제자 중 9명은 참의, 대사간, 도승지, 대사헌, 참판, 우윤 등 정3품 이상의 당상관으로 활약하였다. 그리고 생원이나 진사 급제자를 비롯한 23명은 조상의 덕을 입어 음사로 부사·군수·현감 같은 수령이나 찰방·판관·참봉 등의 벼슬에 임명되었다. 또한 여강이씨 가문에서 문집을 낸 사람이 40명이나 되고,

유고를 남긴 사람도 57명이 확인된다.

이와 같이 여강이씨들이 다수의 과거 합격자와 관직 진출자를 배출하고 또한 많은 문집을 남겼다는 것은 그만큼 여강이씨의 학문적 기반이 탄탄했다는 것을 의미한다. 여강이씨들은 16세기 조선 성리학의 이론적 체계 정립에 선구적인 역할을 한 이언적의 후손으로서, 선조의 학문적 업적을 가학家學으로 계승하였고, 다시 후손들에게 그것을 전수함으로써 많은 관인을 배출하고 문집을 남길 수 있었다. 여기서는 이언적의 종손과 그 형제들에 한해 몇몇 인물을 소개한다.

### 1) 이번(1463~1500)

이번李蕃은 양동마을의 여강이씨 입향조이다. 양동마을에 먼저 정착한 손소의 사위가 됨으로써, 그와 후손들이 양동마을에 세거하게 된 것이다. 이번은 성리학자로 명성을 떨친 이언적의 아버지이다. 경주향교의 교생校生으로 있을 때, 당시 국왕이었던 성종이 경상도의 유생으로 하여금 글을 지어 올리게 한 적이 있었다. 이때 성종에게 그의 글이 인정되어, 궐내에 들어가 다시 글을 직접 지어 올리는 영광을 얻기도 하였다. 1495년(연산군 1)에 사마시에 합격하고 성균관 유생으로 공부하다가 죽었다. 1779년 경주부 기계면 세덕사世德祠에 배향되었다. 문집은 별도로 전해지지 않는다.

## 2) 이응인(1535~1593)

이응인李應仁은 이언적의 사자嗣子로서, 자는 경이敬而, 호는 수암守庵이다. 어려서부터 총명하여 책 읽기를 좋아하였으며, 효성 또한 지극하였다고 한다. 천거로 신령 현감新寧縣監·영산 현감靈山縣監, 사옹원 판관司饔院判官 등을 지냈으며 좌승지에 추증되었다. 수령 재직 시에는 선정을 베풀어 선정비가 세워졌으며, 그의 효행은 『동경지東京誌』에 실려 있다.

## 3) 이의윤(1564~1597)

이의윤李宜潤는 이언적의 양자인 이응인의 맏아들이다. 일찍이 영남을 대표하는 성리학자인 정구鄭逑의 문인이 되었다. 관직에는 나아가지 않았으며 효행이 뛰어났다고 한다. 임진왜란 중에 부친의 상을 당하였지만 피난을 다니는 와중에도 상례의 절차를 모두 지켰다. 전란 중에 상례를 제대로 치를 수 없다고 생각하였기에 마음이 병이 되어 마침내 위급한 지경에 이르렀다. 이를 염려한 가족들이 무당을 청하여 굿을 하자, 주위에 앉아 있던 동생들을 꾸짖으며 "어찌 선조의 가정에 이러한 요물을 올 수 있게 하겠는가"(豈可使先祖家庭 來此妖物)라고 하며 쫓아 버렸다. 이러한 일이 있은 이후 회재종가에서는 미신적인 행위를 하지 않았다.

정유재란 때 군량미를 모집하는 데 힘을 다하다 병으로 죽었다. 문집인 『무첨당집無忝堂集』은 2권 1책으로 소략한 편이다. 22세 때 아버지 이응인이 영산 현감으로 있으며 일본 사신을 접대할 때 일본 사신에게 지어 준 시와 26세 때 스승인 한강 정구를 찾아가서 수업하던 일을 일기로 기록한 「기축일록己丑日錄」 등이 수록되어 있다. 그의 호인 무첨無忝은 자신을 이 세상에 태어나게 해 주신 은혜를 더럽히지 말라는 의미를 담고 있으며, 이것은 회재 종가의 가훈 아닌 가훈으로 여겨지고 있다. 1840년 양동마을 내 경산사景山祠에 배향되었다.

### 4) 이의징(1568~1596)

이의징李宜澄은 이응인의 둘째 아들로, 자는 형연炯然, 호는 양졸당養拙堂이다. 정구 문하에 들어가 공부하였다. 어버이를 지극 정성으로 섬기는 등 효행이 있었다. 부친의 3년상을 마친 얼마 후 29세의 나이에 세상을 떠나자 나라에서 호역戶役을 감면해 주었다 한다.

### 5) 이의활(1573~1627)

이의활李宜活은 이응인의 셋째 아들로 태어나 가학을 이어받아 큰 덕업을 이루었다. 박성朴惺(1549~1606)의 문하에서 공부하였으며, 또 아우 되는 이의잠과 함께 조호익曺好益 문인이 되었다. 1612년 사마시에 입격하고, 1618년에는 문과에 급제하였다. 두 형이 일찍 세상을 떠난 후 어려운 문중 일을 무난히 이끌어 갔다. 광해조 당시 조정이 문란하자 향리로 돌아와 설천정사雪川精舍를 짓고 후학을 양성하다가, 인조반정 후 성균관 전적成均館典籍, 형조 좌랑刑曹佐郎을 거쳐 순천 부사順天府使·사헌부 감찰司憲府監察 등을 역임하였다. 이후 흥해 군수로 나아가 숭모崇慕 사업의 일에 매진하였다. 문집으로 『설천집雪川集』 4권 2책이 있다.

### 6) 이의잠(1576~1635)

이의잠李宜潛은 이응인의 넷째 아들로 어릴 때부터 총명하여 주위 사람들로부터 많은 총애를 받았다고 한다. 조호익의 문인으로, 1612년에 사마시에 입격하였다. 임진왜란이 일어나자 불과 10대의 나이에 의병진에 나아가 경주에 머물고 있던 왜적들을 토벌한 바 있고, 이어 1596년에는 창녕昌寧 화왕산성火旺山城에 나아가 의병에 참여하였다. 의금부 도사義禁府都事, 찰방察訪, 하양 현감河陽縣監 등을 역임하였다. 문집으로 『수졸당일고守拙堂逸稿』가 있다.

### 7) 이의택(1577~1636)

이의택李宜澤은 이의윤의 5형제 중 막내이다. 임진왜란이 일어나자 병고에 시달리던 맏형 이의윤을 도와 군량미 모집에 공을 세웠다. 전란 중 이의택의 성실함을 인정한 경주 부윤慶州府尹 박의장朴毅長이 그를 이순신李舜臣에게 추천하였다. 그리하여 한산도閑山島로 가서 이순신을 보좌하며 공을 세웠다. 이에 이순신이 그의 공을 조정에 보고하여 군자감 직장에 임명되기도 하였다. 전란이 끝나자 고향으로 돌아와서 신광현神光縣 우각리牛角里에 오의정五宜亭이라는 정자를 짓고 여생을 보냈다. 문집으로는 『오의정집五宜亭集』 2권 1책이 있다. 이의택은 임진왜란 중에 겪은 경험담을 기록한 일기인 「용사일기龍蛇日記」를 지었으며, 문집에 수록되어 있다.

### 8) 이원상(1762~1813)

이원상李元祥은 종손으로, 자는 선장善長, 호는 의은依隱이다. 1807년 사마시에 입격하고, 1813년 문과에 급제하였다. 대신들이 그의 시권을 보고 "이 사람은 영남의 선비들 가운데는 보기 드문 인물이다"라고 하였는데, 얼마 후에 세상을 떠나자 임금이 매우 슬퍼하며 특전으로 홍문관 수찬弘文館修撰 겸 부제학副提學에 추증하였다.

## 9) 이재직(1805~1837)

이재직李在直은 종손 이원상의 둘째 아들로, 자는 양중養仲, 호는 물와勿窩이다. 강고江皐 류심춘柳尋春(1762~1834)의 문하에 들어가 공부하였다. 1827년 23살의 나이로 문과에 급제한 후 세손시강원世孫侍講院 좌찬독左贊讀 등 여러 관직을 역임하였다. 그러나 불행하게도 일찍 세상을 떠났다.

## 10) 이능섭(1812~1871)

이능섭李能燮은 종손 이재정의 둘째 아들로, 자는 공리公理, 호는 노석老石이다. 현 종손의 생가 6대조이다. 1848년에 문과에 급제한 후 대사성, 도승지, 경주 부윤, 이조참판 등 중요 관직을 두루 역임하였다. 경주 부윤 재임 시 선정을 베풀어 지역민들이 송덕비를 세웠다. 유고로 『노석집老石集』이 있다.

## 11) 이대원(1888~1944)

이대원李大源은 현재 종손의 증조부, 호는 만파晩坡이다. 당대 명필로 이름을 날려 영남지역 내의 많은 비석에 글을 남겼으며 또한 일제강점기 경주읍지인 『동경통기』가 만들어졌을 때 서문을 쓰기도 하였다. 일제강점기에 조선사회 지도층에 대한 포섭책의 일환으로 회재종가에 조선총독부 고위 인사가 방문하였을 때, 대원은 나라를 빼앗아 간 자를 직접 만날 수 없다며 대면하지 않았다. 이러한 처신은 그의 부父 석희錫禧에게서도 나타난다. 석희는 경술국치 당시 적극적으로 대처하지는 못했지만 "이러한 세상에 처해 어찌 취하지 아니하겠는가"(處此世 不醉而何)라며 주위에 울분을 토했다고 한다. 당시 총독부 인사는 무첨당을 방문한 기념으로 흥해 바다의 일정 부분에서 거두어들이는 세금을 무첨당으로 보내도록 조치하였다. 당시 전해지는 이야기로는 어부들이 왜놈에게 내는 과도한 세금보다는 무첨당으로 보내는 가벼운 세금이 유리하였기에 가능하면 서로 무첨당에 소속되려고 하였다고 한다.

한편, 일제는 태평양전쟁 말기 민족정신을 말살시키고자 우리나라의 전통 예제인 삼년상을 금지시켰는데, 당시 모친상을 당한 대원은 굴건제복을 하고 삼년상을 치를 것을 준비하였다. 이에 일제는 대원을 상주임에도 불구하고 유치장에 구금하였다.

무첨당종택은 이원상·이재직·이능섭이 3대에 걸쳐 문과에 급제함으로써 가세가 크게 번성하였다. 위에 거론한 인물 외에 현 종손의 7대조 재정在正은 군수, 6대조 능현能玄은 진사, 5대조 용구容久는 현감을 역임하였다.

# 3. 회재가의 문적

## 1) 무첨당 소장 문적

　무첨당종택은 이언적 이후 문한文翰이 끊이지 않았다는 점에서 볼 때 내사본內賜本을 포함한 많은 고서와 고문서 등의 문적 자료가 소장되어 있었다고 할 수 있다. 그러나 오랜 세월을 거치는 동안 상당수가 유실되어 현재는 문집류 600여 책과 고문서 400여 건만 남아 있다. 최근에도 선조의 유물 가운데 향합·시통 그리고 큰머리 갓과 관복 등을 도난당하는 불행을 겪기도 하였다.
　이와 같이 무첨당 소장 전적 등이 온전하게 보관되지 못한 것은 아쉬움이 있지만, 그러나 현재 남아 있는 고문서도 한국사

연구에 중요한 자료이다. 고문서는 일반 서책과는 다르게 인간이 살아가면서 그때그때 필요에 따라 작성된 공적・사적인 모든 문서를 말한다. 고문서는 그 내용에 있어 현실성, 구체성, 정확성을 가지고 있다는 점에서 역사를 연구하는 데 자료적 가치가 매우 크다.

종가에 소장되어 있는 고문서를 시기별, 내용별로 분류해 보면 가장 큰 특징은 조선 중기인 16~17세기의 자료는 거의 남아 있지 않다는 점이고, 또한 그 내용에서도 보면 제문祭文 등 일반적인 문서를 제외하면 대부분 조선 후기 사회변화와 맞물려 각 가문마다 빈번하게 야기되었던 (각 계층 간, 문중 간에 야기되었던) 각종 시비是非 등 향전鄕戰에 관한 자료가 압도적으로 많다는 점이다. 양좌동 정착 이후에서 조선 중기까지의 자료는 회재의 간찰을 비롯한 상속문기 몇 건이 절편첩장折片帖裝되어 있는 『영모첩永慕帖』 등 몇 건이 유일하다. 『영모첩』에는 이언적이 그의 계후자繼後子 만령에게 보낸 간찰이 있다.

종가 소장 고문서로서 주목되는 것으로는 「인동감시시관계회도仁同監試試官契會圖」가 있다. 이 그림은 경상도 인동현에서 감시監試를 주관한 시관試官들이 계회를 기념하여 제작한 계회도契會圖이다. 감시는 지방에서 치러지는 향시鄕試로서 관찰사가 주관하여 생원・진사를 선발하는 시험이다. 이 인동 향시에는 인근의 지방관 10명이 시관으로 참여하였는데 시관들은 이를 기념하

# 己卯司諫院契會圖

嘉善大夫慶尚道觀察使兼兵馬水軍節度使柳永立　立之　全州人

贈嘉善大夫史曹參判兼同知經筵成均館事行通政大夫議政府舍人兼春秋館編修官　塔　　光州人

通訓大夫行家陽郡護府使金海鎮兵馬僉節制使金　極　　士暉　　光州人

贈嘉善大夫吏曹參判兼同知義禁府事行通訓大夫行大丘鎮管兵馬同僉節制使金　瀚　　　謹仲　　光州人

通訓大夫行典農寺僉正護府使　　　　　　　　

又通政大夫行興海郡護府使　　　

又道改大夫行典農寺僉正　半千　

本正大夫訂　山郡守大丘鎮管兵馬同僉節制使閔德　　　　　子晔　　全州人

通善郎行清道郡守大丘鎮管兵馬節制使權宇文　　　　　景祚　　安東人

又判校尉　有年　　

中直大夫行慶山縣監大丘鎮管兵馬節制都尉李応仁　　勝而　　新平人

父節校尉　光威　　

父通訓大夫行豊山縣監大丘鎮管兵馬節制都尉李文笈　　幹之　　全州人

父通訓大夫守谷原縣監金海鎮管兵馬節制都尉李　　　　　　

績功郎守谷原縣監金海鎮管兵馬節制都尉金應龍　　昌鷹　　

又李節校尉　過　　　

生父通訓大夫行權院左道權禁承文院校理　道　　

從仕郎成均館教授金應龍　　　特兒　　義城人

又成均生員　馳壽　　

父通訓大夫行司諫院司議　　　

宣務郎司憲府監察訪李瀞　　　士澤　　德水人

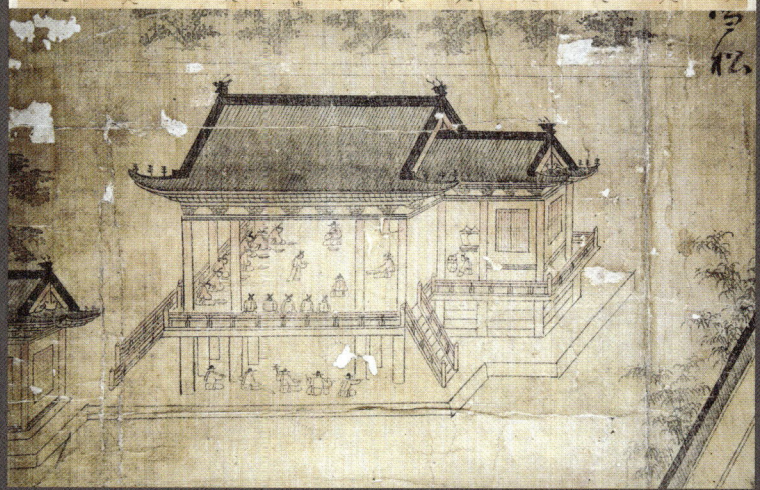

「인동감시시관계회도」

여 계회도를 제작하여 나누어 가졌다. 여기에 이언적의 아들인 이응인이 영산 현감 재직 시 시관으로 참여하여 보관한 것이다. 이 그림에서 보면 관원들은 품계에 따라 앉아서 독상을 앞에 두고 있다. 시녀와 악사들까지 동원되었으나 계회의 장면은 절도 있고 검소한 분위기를 보여 준다. 화풍은 16세기 후반기의 특징이 잘 나타나 있다. 이 그림은 지방에서 활동한 직업 화가가 그렸을 가능성이 크다는 점에서 주목되는 작품이다. 그림 위에는 송설誦說이라는 인물이 쓴 칠언율시가 적혀 있다.

종가에 16~17세기의 초기 고문서가 거의 남아 있지 않은 이유에 대해서는 구체적으로 알 수 없지만 아마 별도로 보관되어 오다가 소실된 것으로 보인다. 소장 고문서를 내용별로 분류해 보면 상서上書 70건, 소지所志 38건, 서목書目 4건, 품목稟目 2건, 단자單子 4건, 통문通文 32건, 문보文報(牒呈) 11건, 첩첩 7건, 상속문기相續文記 8건, 명문明文 5건, 해유이관解由移關 3건, 수기手記·표기標記 7건, 완문完文 2건, 회문回文 4건, 전령傳令 5건, 고목告目 4건, 산록도형山麓圖形 6건, 제수단자祭需單子·집사록執事錄·배지(牌旨)·단자單子 및 제문祭文 100여 건, 간찰簡札 70여 건 등이다. 종가 소장 고문서 가운데 몇 건을 소개하면 다음과 같다.

종가 소장 문서 중에서 가장 많은 부분을 차지하고 또한 역사 자료로 중요한 것은 향전에 관한 것이다. 그 내용은 대부분 이언적을 배향하는 서원인 옥산서원 내의 입원入院을 둘러싼 계층 간의 향전과 양좌동에 공거共居하면서 조선 후기 경주지역을 대표했던 손·이 두 가문 간에 벌어진 이른바 '손이시비孫李是非'와 관련된 것이다. 조선 후기 서원은 양반들의 이익을 대변하는 대표적인 향촌운영기구라는 점에서, 18세기 이후 새롭게 성장하는 신흥세력들은 자기들도 서원에 출입하여 기존의 양반과 동등한 대우를 받고자 하였다. 그 과정에서 신흥세력들의 서원 출입을 막고 기득권을 고수하려는 기존의 양반과 분쟁이 일어났다. 이러한 양자 간의 분쟁은 18세기 이후 전국적인 현상이었고, 특히 영남지역이 심하였다. 이 종가에 소장되어 있는 향전 관계 문서는 옥산서원을 둘러싼 분쟁의 구체적인 내용을 밝혀 주는 중요한 자료이다.

또한 종가에는 양좌동에 공거하면서 조선 후기 경주지역을 대표했던 손·이 양성 사이에 손중돈과 이언적, 즉 외삼촌과 생질甥姪 간의 도학적 학문세계의 연원 문제로 야기되었던 손이시비에 관한 통문이 다수 소장되어 있다. 18세기 중반 이후 각 문중 간의 향촌사회 내의 우열 경쟁에서 나타난 시비는 전국적인 현상이었는데, 손이시비는 '병호시비屛虎是非', '한려시비寒旅是非'와 함께 영남지역의 대표적인 문중 간 시비이다. 특히 이 시비는 양 가문의 서원인 옥산서원과 동강서원이 중심이 되어 여타 지역으로 확산되면서 더욱 치열하게 전개되었다.

종가의 상서·완문 등의 문서에서 보면, 이언적의 묘가 있는

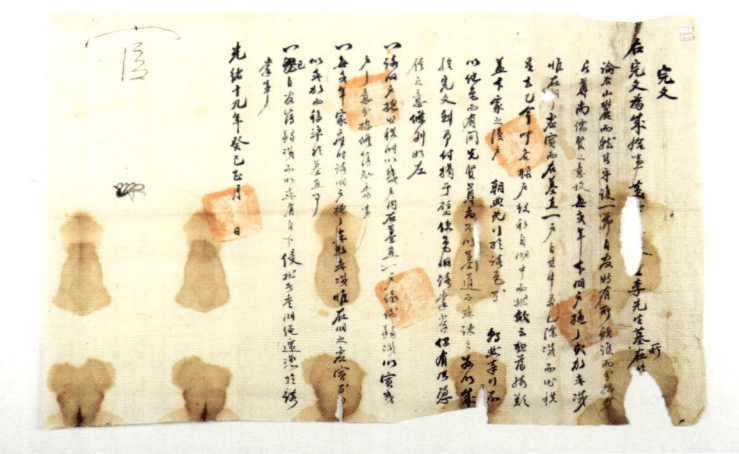

1893년 완문

 흥해 달전達田 산소에는 묘를 수호하는 승려들이 있었음을 알 수 있고 또한 선산을 수호하는 자들은 지방관들이 특별히 군역과 연호잡역烟戶雜役을 면제시켜 주고 있음을 알 수 있다. 이의윤李宜潤 (무첨당)의 묘산을 수호하는 묘노墓奴에게 잡역을 견감해 준다는 내용의 1893년의 완문完文 2건이 있다. 이들 문서를 통해서 볼 때 조선 후기 이 가문이 지방관으로부터 여러 가지 특혜를 받고 있음을 알 수 있다.

 특별히 재미있는 문서로는 종손인 이용구李龍久가 이언적의 11대손 능화能華의 문과 합격과 10대손 재기在基의 생원시生員試

입격入格을 알리는 고유문告由文이 있다. 당시 문중 인물로서 과거 합격자가 있을 경우 반드시 종손이 사당에 고유하는 것은 일반적인 관행이었다. 이렇게 볼 때 문중 내 종손의 위상을 짐작해 볼 수 있다.

### 2) 옥산서원 소장 문적

옥산서원은 우리나라 어느 서원보다 많은 고서古書와 고문서 및 임금이 보낸 편지 등 많은 문헌 자료를 소장하고 또 잘 보존하고 있다. 특히 실질적인 서원의 운영과 활동의 구체적인 실상을 보여 주는 고문서와 이언적이 학문을 연마하면서 본 책 내지 선사본宣賜本(국가에서 내려준 책) 등의 고서는 학술적 자료 내지 문화재적 가치가 아주 크다는 점에서 곧 보물로 지정될 예정이다. 고서 중 우리나라에서 가장 오래된 역사서인 『삼국사기三國史記』(완본 9권)는 보물 525호로 지정되어 있다. 옥산서원 옆에 소재한 독락당에는 이언적이 1547년부터 1553년까지 걸쳐 쓴 친필 저술인 『속대학혹문』 등 13책이 보물 586호로 지정·보관되어 있다. 독락당에는 이 외에도 보물로 지정된 이언적과 관련된 많은 유물을 소장하고 있다.

옥산서원에서는 이러한 소중한 책들의 유출을 막기 위하여, 옥산서원의 책은 서원 문 밖으로 나갈 수 없다는 뜻의 '서원서책

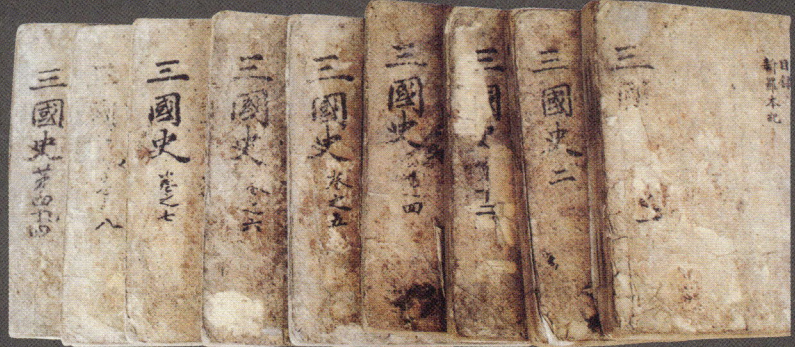

『삼국사기』(출처: 경북문화재대관)

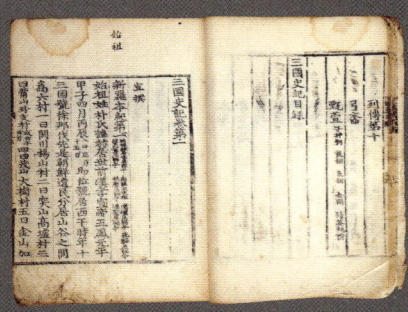

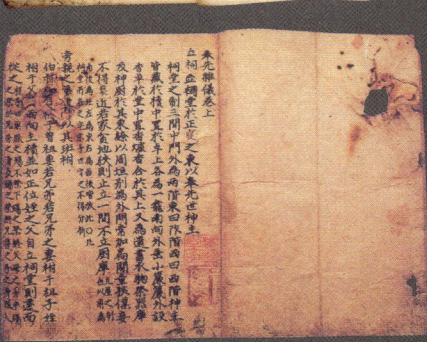

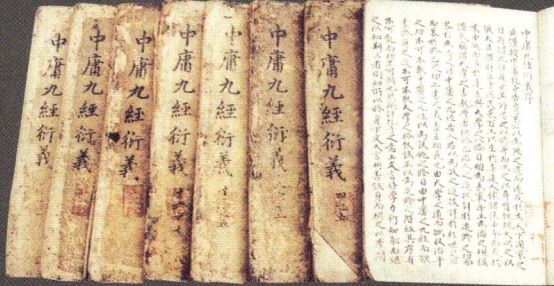

『대학장구보유』, 『봉선잡의』, 『중용구경연의』(출처: 경북문화재대관)

불출문외書院書册不出門外'라는 이황의 글을 적은 편액을 만들어 경서각經書閣 앞에 걸었고, 독락당 어서각御書閣 앞에도 관찰사가 서책을 문 밖으로 가지고 나가지 못하도록 지시한 편액이 걸려 있었다. 또한 정조도 옥산서원이 소장한 책을 밖으로 가져갈 수 없다는 어명을 내린 적이 있다. 이런 노력의 결과로 현재에도 많은 책과 유품이 잘 보존되어 있는 것이다.

이러한 전적들은 원래 서원 내 경각經閣에 보관해 왔으나, 건물이 낡아서 더 이상 제대로 된 보관이 어려워지자 1972년 후손들이 새로 세운 청분각淸芬閣으로 옮겨 보관하였는데, 2010년에 다시 문화재청의 지원을 받아 새로운 건물을 지어 보관하고 있다. 옥산서원 소장 중요 고서와 고문서의 종류를 간단히 정리해 보면 다음과 같다.

### (1) 고서

옥산서원은 조선 중기 이후 경주지역 유림들의 대표적인 교육기관으로 역할을 하였다. 특히 지방 관학官學인 향교가 재지사족의 교육기관으로서의 기능을 상실하게 되자 그 역할은 더욱 커졌다. 옥산서원의 유생 선발은 엄격한 과정을 거치는데, 그 과정을 보면 재주 있는 학생을 먼저 선발하여 시험을 거친 후, 천거자의 천거를 받아 가부可否를 물어 유적儒籍에 이름을 올렸다. 천거자는 유생에게 문제가 있을 경우 함께 처벌하도록 규정하여 추천에 신중을 기하도록 하였다. 옥산서원은 이렇게 선발된 유생들을 대상으로 교육활동을 전개하였는데, 그 내용은 유생의 자발적인 공부와 이들에 대한 교수敎授 및 정기적으로 개설되었던 강회講會·거접居接(일정 기간 독서와 제술을 시키는 것) 또는 지방관의 주관하에 개설되는 백일장 등을 들 수 있다.

옥산서원은 이러한 유생들의 교육활동뿐만 아니라 경주지역 유림들의 공부를 위한 도서관적 역할 및 유생 교육을 위한 교재·문집 등 서적을 직접 출판하기도 하여 지방문화의 중심지로서 문화창달과 지식보급에 큰 역할을 하였다. 옥산서원은 사액賜額과 동시에 국가로부터 토지·노비와 함께 사서육경四書六經을 비롯해『주자대전』,『주자어류』,『언해소학諺解小學』,『사서언해四書諺解』등 서적을 하사받았으며 또한 자비로 서적을 구입하기도 하여 약 5,000여 책을 소장하였다. 또한 옥산서원은 서책 출판을 전담하는 간소刊所를 별도로 설치하여『회재집晦齋集』과『무첨당집無忝堂集』등 많은 서책을 출판하였다.

옥산서원 소장 고서 중 가장 주목되는 것은 현재 보물 525호로 지정된『삼국사기』이다. 옥산서원 소장『삼국사기』는 1573년경 경주부가 인출하여 옥산서원에 보내 준 것으로, 현재 전래되고 있는 몇 안 되는『삼국사기』완질본 가운데 하나이다.『진서晉書』,『비아埤雅』,『당류선생집唐柳先生集』,『한서漢書』등은 갑인자甲

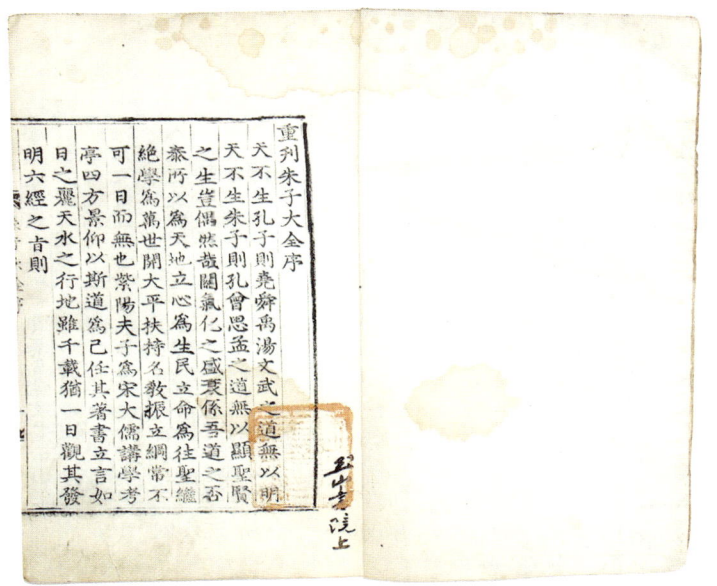

『주자대전』(을해자)

寅字로 간행된 고서이며, 『대광익회옥편大廣益會玉篇』, 『번역소학飜譯小學』, 『소학집설小學集說』, 『주자대전』 등은 을해자乙亥字로 간행된 고서이다. 갑인자와 을해자는 모두 조선 전기 대종을 이루던 금속활자로 널리 이용되었다. 특히 『한서』의 경우 이언적의 수택본手澤本으로 알려져 있다. 『고금운회거요古今韻會擧要』는 1434년 경주부에서 간행한 것이며, 『대학장구대전大學章句大全』은 1579년 옥산서원에 내려진 내사본이다. 이상과 같이 옥산서원에는 희소

성이 있는 17세기 이전 간행 고서들이 많이 소장되어 있다.

### (2) 고문서

옥산서원에 소장되어 있는 필사원본류와 고문서는 조선시대 서원 내지 향촌사회의 구체적인 실상을 보여 주는 일차적인 자료로서 사료적 가치가 높다. 대원군의 서원훼철 때 대부분의 서원이 보유하고 있던 일차 자료가 유실된 반면, 옥산서원은 훼철을 피하여 지금까지 관련 자료를 잘 보존하고 있는 것이다. 물론 훼철을 피한 다른 서원도 많은 일차 자료를 보존하고 있는 경우가 있지만, 옥산서원 소장 자료는 양과 자료적 가치 면에서 타 서원에 비해 월등히 앞선다.

필사원본류 가운데 『고왕록考往錄』은 서원의 역사를 간략히 기록한 것이다. 비록 19세기에 작성된 것이나, 이 책을 통해 서원 초기의 상황을 어느 정도 유추해 볼 수는 있다. 『심원록尋院錄』은 옥산서원 내방 인사가 자필 서명한 일종의 방명록으로 옥산서원과 이해관계를 같이하는 사림세력의 범위를 유추해 볼 수 있는 자료이다. 옥산서원의 『심원록』은 타관他貫·본향本鄕으로 구분하여 기재하였으며 전자는 천자문千字文 순으로 기재되어 있는데, 20세기 초까지 총 103책이 전한다. 타관을 입록한 『심원록』에는 당대 중앙의 고위관료뿐만 아니라, 타 지역 저명인사들의 성명이

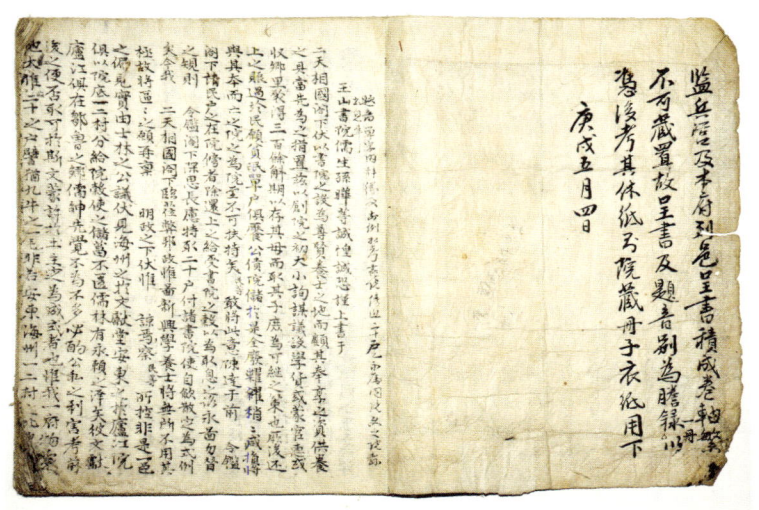

『정서등록』

기입되어 있다. 『본향심원록本鄕尋院錄』은 1756년에 처음 작성되어 총 48책이 전해지는데, 당시 경주지역을 대표하던 재지사족들의 성명이 기재되어 있다.

각종 등록謄錄·완의류完議類는 옥산서원 운영상에 문제가 있을 때마다 작성된 공문서와 규정 등을 엮어 놓은 것이다. 먼저 『정서등록呈書謄錄』(1588~1623)은 서원에 문제가 있을 때마다 원유院儒들이 감사나 해당 지역 지방관에게 올린 상서上書 내지 소지所志 등을 엮은 것이다. 대부분은 서원의 속사屬寺인 정혜사 소속 승려의 승역僧役 면제, 현물관납現物官納 면제, 선척船隻·어염세魚鹽稅

면제, 어부漁夫·격군格軍·염간鹽干 등 원속의 면역을 호소하는 내용이다. 그 외 『등록謄錄』, 『산당거접등록山堂居接謄錄』, 『중수소별판완의重修所別辦完議』 등은 경제적 사정과 서원 운영과 관련된 각종 규정을 엮어 놓은 것이다.

옥산서원 소장 자료 중 가장 많은 것은 토지·노비·원속안院屬案 및 각종 회계록會計錄·도록都錄 등 서원 경제 관련 자료이다. 서원 초기의 2대 경제적 기반은 토지와 노비로, 이와 관련된 내용이 상세하게 기록되어 있다. 토지안土地案은 1694년·1795년의 2책이 있으며, 추쇄안推刷案을 포함한 노비안은 시대별로 7책이 있다. 그리고 토지안과 관련하여 18세기 중·후반의 추수기秋收記와 타작기打作記가 전해진다. 서원은 노비 외에 모입募入·투탁投託·앙속인仰屬人으로 표현되는 일종의 피역인避役人들을 광범하게 보유하였다. 이들의 성명을 기재한 것이 원속안院屬案인데, 옥산서원에는 해읍該邑(경주부내) 원속안과 타읍他邑(영일·흥해·장기·영천) 원속안이 전해진다. 또한 18세기 중반 이후부터는 이들 원속을 구체적으로 구분하여 작성한 원생안院生案·유생안儒生案 43책, 양하전안良下典案 53책, 어서각수직군안御書閣守直軍案 29책이 작성되었다. 이 안案들은 1~2년 간격을 두고 만들어졌다.

서원의 수입·지출 상황을 기록한 일종의 경리 장부로는 회계록會計錄·도록都錄·전여기傳與記 등이 있다. 회계록은 18세기 초·중반, 도록은 18세기 중·후반부터 20세기 초까지를 기록하고 있는데 총 130여 책이 전해진다. 이 책들을 통해 옥산서원의 대략적인 경제 규모를 짐작할 수 있다. 이 외에도 간소刊所・유물遺物・식상도록食床都錄 및 중수시도록重修時都錄을 따로 작성하였다. 서원 소장 서책은 따로 전여기를 작성하여 인수인계하였는데 여기에는 서책 외에도 서원 소장의 각종 기물 등도 기재하였다.

  건물의 중수 등 각종 공사가 있을 때에는 그 과정을 일기日記로 기록하였으며, 부조기扶助記・도록都錄・하기下記 등도 반드시 작성하였다. 예컨대 1839년 구인당중건求仁堂重建 당시에는 『구인당중건일기求仁堂重建日記』, 『강당중건시향중출물치부講堂重建時鄉中出物置簿』, 『중수전책重修錢冊』, 『중수전봉상기重修錢捧上記』, 『향중전입기鄉中錢入記』, 『도내전입기道內錢入記』 등의 각종 기록물이 작성되었다. 1905년의 구인당 중건, 1843년의 무변루無邊樓 중건, 1905년의 체인묘體仁廟 중건 때에도 이러한 기록물이 작성되었는데, 공사 시의 각종 수입・지출 상황이 기록되어 있어서 한국 고건축사에 중요한 자료이다. 그 외에도 옥산서원에는 방목榜目, 도기到記 및 각종 일기 등의 필사원본류가 전해진다.

  옥산서원의 고문서는 서원의 사회・경제 활동의 구체적인 상황을 잘 보여 주는 자료이다. 먼저 호구단자戶口單子는 서원을 하나의 호戶로 파악하여 소속 노비를 기재한 것이다. 따라서 이는 앞 노비안과 더불어 서원 소속 노비의 규모 등을 파악하는 데 중요한 자료가 된다. 명문明文은 17세기 중반부터 19세기 말까지의 옥산서원 토지매매 기록이 주를 이룬다. 천안薦案은 18세기 중반에서 19세기 초반 사이의 것인데, 입원入院 유생의 명단, 입격入格·필강畢講 여부가 기재되어 있고, 강안講案에는 구체적인 교육 평가가 기재되어 있어, 실질적인 서원의 교육적 기능을 살펴볼 수 있다. 그 밖에 각종 소지류所志類는 대체로 서원 경제에 관한 것으로 속사인 정혜사 승도의 면역, 원속 및 서원 소속 각종 점店 등에 대한 면역·면세를 호소하는 것이다. 또한 옥산서원 소장 고문서 중 주목되는 것으로 1884년 「만인소」가 있다.

통문通文은 18세기~20세기 초의 것이 대부분으로, 발행처는 서원·향교 및 각 문중이며, 그 범위는 경상좌도에 집중되어 있다. 통문의 내용은 서원 건립과 배향·추향 문제, 도회道會 개최, 승무운동, 서원 중수 시 부조, 문집 중간 시 부조, 충효열에 대한 표창 문제 등이며, 19세기 중반 이후에는 적서嫡庶 간·사족 상호 간의 갈등이 심화되면서 각종 시비와 관련된 것이 많이 나타난다. 회문回文은 향례일, 향회 개최, 수임首任 천망 등 원내 대소사가 있을 때 모임을 알리는 문서이다. 대체로 이 회문은 서원을 중심으로 몇 개의 지역으로 나누어 각 문중별로 돌렸다. 제수단자祭需單子는 서원 자비로 마련한 것 외에 부윤·감사 등 지방관이 하사한 각종 제수물자 품목이 기록된 것이다. 그 외에도 각종 단자와 간찰, 계약서, 영수증, 위임증 등의 고문서가 확인되며, 현재까지도 서원 운영과 관련된 각종 문서가 만들어지고 있다.

옥산서원 강지

1884년 「만인소」

# 제3장 종가의 유교문화경관

조선 전기 경주손씨와 여강이씨에 의해 형성된 양동마을은 하회마을과 더불어 한국의 대표적인 양반집성촌이다. 한국의 양반집성촌은 풍수를 기본으로 입지하고 있는데, 대체로 강가 혹은 산기슭에 자리 잡고 있다. 양동마을의 경우 설창산을 배경으로 마을 앞으로 양동천이 흐르고 서쪽 너머로는 안강평야가 펼쳐진 산기슭에 위치하고 있다. 설창산에서 뻗어 나온 능선과 그 사이 골짜기는 '물勿'자 모양을 이룬다. 기운이 흐르는 통로라고 여겨졌던 산줄기를 지키기 위해 양동마을의 건축물들은 모두 능선 사이의 골짜기에 지어졌다. 건축물은 그 영역이나 배치에 있어 유교적 이념이 강하게 작용된 동시에 자연과 조화를 이루고 있다. 이는 마을 공간을 기능적·경관적·예술적으로 잘 활용한 것으로, 현재에도 잘 유지되고 있으며 세계적으로도 드문 사례에 속한다. 마을의 길 역시 지형과 물길을 따라 조성되어 인위적인 조작 없이 자연과 일체를 이루고 있다.

마을의 내부 공간은 손씨와 이씨 두 대종가를 중심으로, 살림집, 정사精舍, 정자, 서원과 서당 그리고 양반가 주변 낮은 지대에는 그 집안에 종속된 노비나 소작농의 초가(가랍)가 배치되어 있다. 마을의 가장 안쪽인 안골 중심 산중턱에는 경주손씨 종택인 서백당이 위치한다. 서백당을 기준으로 낙선당·관가정·안락정 등 손씨 가문의 가옥들이 안강평야를 바라보면서 마을 바깥쪽에 위치하고 있다.

반면, 이씨 가문의 경우 종택 무첨당이 양동마을 전체 중앙부에 해당하는 물봉골 중앙에 자리 잡고 있다. 그 주변으로 수졸당·양졸당·향단 등 이씨 가문의 건축물이 마을 안쪽에 자리 잡고 있다.

설창산과 양동천 외에 성주봉, 낙산, 삼성산, 무릉산, 안락천 등이 마을의 자연경관을 이룬다. 주거지를 둘러싸고 있는 산과 강에는 유학자들이 수양하며 학문에 몰두하고 휴식을 즐기기 위한 정사와 정자, 서원 등이 건립되어 있다. 마을 뒤 설창산 자락 높은 곳에는 내곡정이 있고, 마을 내 산기슭 곳곳에는 수운정, 동호정, 영귀정, 설천정, 심수정, 이향정, 양졸정, 육위정 등 손·이 양 가문의 정자들이 자리 잡고 있다. 두 가문에 속하는 서원과 서당 또한 별도로 존재한다. 손씨 가문의 안락정은 마을 입구와 가까운 곳에 있고, 이씨 가문의 강학당은 상대적으로 마을 안쪽에 자리 잡고 있다. 마을에서 동쪽으로 떨어진 곳에 손씨 가문의 동강서원이 있고, 마을에서 서쪽으로 8㎞ 가량 떨어진 옥산리에 있는 계곡에는 이씨 가문의 옥산서원과 독락당이 자리 잡고 있다.

한편, 두 가문은 마을 내외의 중요한 지점에 경쟁적으로 건축물을 건립하였는데, 이를 통해 향촌사회에서 두 가문의 가세家勢가 어떻게 변천되어 왔는지 짐작해 볼 수 있다. 시기별 양 가문의 대표적인 건축물 건립 현황은 아래의 표와 같다.

【시기별 양 가문의 대표적인 건축물 건립 현황】

| | 경주손씨 | | 여강이씨 | |
|---|---|---|---|---|
| | 가옥명 | 문화재지정사항 | 가옥명 | 문화재지정사항 |
| 15세기 | 서백당종가(1475) | 중요문화재 | — | — |
| 16세기 | 낙선당(1540)<br>관가정(1543)<br>수운정(1582) | 보물 제422호<br>중요민속자료<br>— | 무첨당종가(1508)<br>향단(1555)<br>심수정(1560) | 보물 제411호<br>보물 제412호<br>중요민속자료 |
| 17세기 | — | — | 설천정(1602)<br>수졸당(1616)<br>이향정(1695) | 중요민속자료<br>중요민속자료<br>— |
| 18세기 | 안락정(1780)<br>정려각(1783) | 중요민속자료<br>중요민속자료 | 사호당고택(1730)<br>두곡고택(1733)<br>근암고택(1780)<br>동호정(1787) | 중요민속자료<br>중요민속자료<br>—<br>중요민속자료 |
| 19세기 | — | — | 경산서당(1840)<br>상춘고택(1840)<br>강학당(1840) | 중요민속자료<br>중요민속자료<br>— |

위의 표를 보면 가옥 건립에 있어서 손씨 가문은 15·16·18세기 특정 시기에만 건립활동이 왕성한 반면, 이씨가문의 경우 16세기 이후 가옥을 꾸준히 건립하고 있는 것을 보아, 여강이씨의 번성함이 부침 없이 지속되었고, 마을의 주요 위치로 그 영역을 확대해 나갔음을 알 수 있다.

두 가문에 의해 형성된 양동마을은 이후 18세기에 크게 확장되었고, 지금까지도 이러한 전통 가옥들이 잘 보존되고 있다. 여기서는 양동마을의 여강이씨 소유 건축물 중 이언적과 관련된 무첨당·영귀정·경산서당과 옥산에 소재한 이언적의 별업인 독락당, 이언적을 배향한 옥산서원을 살펴보도록 한다. 아울러 양동마을과 옥산별업의 자연경관을 읊은 「양동구곡」과 「옥산구곡」 및 양동마을과 관련된 국가지정문화재도 함께 살펴보도록 한다.

## 1. 무첨당

　양동마을 여강이씨 대종택인 무첨당無忝堂은 마을의 중앙인 물봉골 중심에 위치해 있다. 1964년 11월 14일 보물 제411호로 지정되었다. 현재 여강이씨 선조들의 제사를 모시는 '봉사청奉祀廳'으로 이용되고 있으며, 살림채와 사당을 포함한 일곽을 무첨당으로 통칭하고 있다. 무첨당은 본채와 별당인 무첨당, 그리고 사당으로 구성되어 있다.
　본채는 입향조인 이번이 손소의 딸에게 장가들고 나서 어느 정도 경제적 기반을 잡은 후인 1460년대 초반경에 건립한 것으로 짐작된다. 그 후 아들인 회재 이언적이 경상 감사 시절인 1540년경에 무첨당을 세운 것으로 보인다. 본채 뒤편 언덕에 자리 잡

무첨당 전경

은 사당은 1632년 후손들에 의해 건립되었다.

본채는 'ㅁ'자형 안마당을 둘러싸고 안채·사랑채·아래채가 건물 한 채에 있다. 안채는 2칸의 대청마루를 중심으로 동쪽으로 안방, 서쪽으로 머릿방이 있다. 안방 동쪽에서 직각으로 꺾으면 남쪽으로 부엌과 방들이 있다. 사랑채의 경우 안마당에 위치하나, 방향은 무첨당이 있는 서쪽을 향하고 있다.

본채의 서쪽에 위치한 무첨당은 제청의 당호이자 이 집의 이름으로, 회재 이언적의 맏손자인 이의윤의 호에서 따왔다. '무첨無忝'이란 '조상에게 욕됨이 없다'는 뜻으로, 『시경』「소완小宛」의 "일찍 일어나고 늦게 자서 너를 낳아 주신 분을 욕되게 하지 말라"(夙興夜寐 無忝 爾所生)에서 유래한다. 대청을 중심으로 좌우에 온돌방을 두고 좌측방 앞으로 누마루를 돌출시킨 '역 ㄱ'자형 구조이다. 우측방 오른쪽 가적지붕 아래에는 작은 온돌방과 마루로 꾸며진 제청이 마련되어 있다.

무첨당은 제청의 기능을 하면서, 문중의 대소사를 논의하는 종회소 장소로도 활용되었다. 따라서 무첨당 대청은 규모가 크며 필요에 따라 마루 공간을 더 확보할 수 있도록 온돌방과 대청 사이에 열 개의 문을 설치하여 실용성을 높였다. 이 밖에 바깥주인이 노년에 여생을 즐긴 공간이자 접빈과 휴식 등을 취한 사랑채 기능도 겸하고 있다.

무첨당 대청 동쪽 방문 위에는 '좌해금서左海琴書' 현판을 비

무첨당

롯하여 여러 편액이 걸려 있다. '좌해금서'는 흥선대원군 이하응이 집권 전 이곳을 방문하여 남긴 것이다. 대나무 뿌리를 잘게 부수어 죽필을 만들어 적은 글씨로, '영남의 학문과 풍류'를 의미한다. '좌해'는 서울의 왼편에 위치한 '영남' 지방을 뜻하고, '금서'는 「귀거래사歸去來辭」중 "친척들의 정다운 얘기를 기뻐하고 거문고와 서책을 즐기며 시름을 삭힌다"(悅親戚之情話 樂琴書以消憂)에서 취한 것이다. 당시 무첨당이 풍류를 즐기고 학문을 논하는 선비들의 교류 공간이었음을 담고 있다.

무첨당 동방에는 '창산세거蒼山世居' 현판이 있다. '창산'은 무첨당의 주산인 설창산을 줄인 표현이다. '창산세거'는 '설창산 자락에서 대대로 살아왔음'을 말한다. 무첨당 대청 서쪽 방문 위에는 '물애서옥勿厓書屋' 현판이 걸려 있다. '물애'는 무첨당이 위치한 물봉골을 의미한다. '물勿'은 공자와 안연의 대화에 나오는 '사물四物'에 비견된다. '서옥'은 서방에 '목目'자 서고가 있었기 때문이다.

무첨당 서방에는 '오체서실五棣書室' 현판이 있다. '체棣'는 『시경』「상체常棣」편에서 주공이 형제간의 우애를 "상체의 화려함이여, 꽃받침이 화사하지 않은가. 무릇 지금 사람들은 형제 같은 이 없느니라"(常棣之華 鄂不韡韡 凡今之人 莫如兄弟)라고 말한 것에서 유래한다. '오체'는 다섯 형제이니 회재의 다섯 손자를 말한다. '오체서실'은 다섯 형제가 공부하던 서실이었음을 말한다.

사당은 본채와 제청 사이에서 북쪽 언덕으로 난 계단으로 올라가는 곳에 별도의 담장으로 둘러싸여 독립된 공간을 이루고 있다. 이 사당에는 회재 이언적의 불천위不遷位가 모셔져 있다.

## 2. 영귀정

영귀정詠歸亭은 관가정과 향단에서 물봉골로 가는 길 서쪽 아래에 위치하고 있다. 서남방으로 안강평야 일대를 한눈에 조망할 수 있다. 이언적이 젊은 시절에 띳집을 지어 놓고 안락천에서 멱을 감고 돌아오는 길에 시를 자주 읊은 곳으로, 후에 자손들이 그를 추모하기 위해 이곳에 정자를 짓게 되었다. 시간이 경과함에 따라 영귀정이 소실되자, 1778년과 1925년에 후손들이 중수하였다. 양동마을에서 손·이 두 가문이 성장함에 따라 정자 역시 마을 곳곳에 경쟁적으로 세워졌는데, 영귀정은 그중에서도 비교적 이른 시기에 지어진 것이다.

영귀정은 담장을 둘러치고 정면 3칸, 측면 1칸의 대문간채를

영귀정

두고 중앙에 정면 3칸, 측면 2칸의 '一'자형 평면으로 건축하였다. 서측은 이 마을 다른 정자와 마찬가지로 대청이며, 동측에는 방을 배치하였다. 대청과 방의 앞과 옆에는 좁은 툇마루를 설치하였고, 전면과 대청 쪽 측면에는 계자난간을 설치하였다. 대문

간채는 중앙에 대문간을 두고 좌측에 마루 1칸, 우측에 방 1칸을 두었다.

정자 이름인 영귀정의 '영귀詠歸'는 『논어』「선진先進」편에서 유래한 것으로, 공자가 네 명의 제자와 자리를 같이하며 대화를 나누다가 제자들에게 각자 가슴에 품은 이상을 말해 보라고 하자, 증석이 "기수에서 목욕하고 무우에서 바람 쐬고 돌아오겠습니다"(浴乎沂 風乎舞雩 詠而歸)라고 답한 것에서 취한 것이다. 친구들과 아이들을 데리고 유유자적 노니는 삶을 표현한 이름이다.

대문 이름을 '이호문二乎門'으로 한 것은 방문객이 두 번 불러야 비로소 대문을 열어 준다는 뜻으로, 은둔하는 선비가 있는 곳임을 암시한다.

## 3. 경산서당

경산서당景山書堂은 물봉골과 안골 사이의 능선 완만한 경사지에 위치해 있으며, 현재 향토문화재로 지정되어 있다. 경산서당은 원래 1840년에 무첨당 이의윤을 배향하는 사우祠宇(景山祠)로 건립되었으나, 대원군의 서원훼철 이후 경산서당으로 이름을 바꾸어 강학처소로 활용되었다. 지금도 매년 향사를 지내고 있다. 경산사는 양동마을과 이웃한 안계리 경산에 건립되었으나, 1970년 3월 포항종합제철 안계댐의 부지로 전입됨에 따라 이곳으로 옮겨 세워지게 되었다.

'경산景山'은 『시경』「은무殷武」의 "저 경산에 오르니 소나무와 잣나무가 곧고 곧다"(陟彼景山 松栢丸丸)에서 유래한다. 백세토록

경산서당

옮겨지지 않을 묘우를 만들 재목을 취한 산이 경산이니 오랜 세월 동안 기림을 말한다.

경산서당은 북쪽에 위치한 서당 일곽과 남쪽의 관리사 일곽으로 크게 구획된다. 비교적 넓은 터에 자리 잡았으며 모두 동남향을 하였다. 서당 일곽은 경산서당 건물, 재사, 솟을대문이 마당을 중심으로 각각 북쪽, 동쪽, 남쪽에 배치된 구조다. 경산서당은 평면 구성이나 건물 규모 면에서 서원 건축의 강당과 비슷하다. 3칸 규모의 대청을 중심으로 좌우로 온돌방과 협실 각각 1칸을 두었고, 건물 전면 전체에 툇마루를 설치하였다. 재사는 정면 3칸 규모로 가운데 대청을 중심으로 좌우에 온돌방을 두었다. 관리사는 마당을 중심으로 북쪽의 안채, 남쪽의 대문채, 서쪽의 곳간채로 구성되었다.

# 4. 독락당

　독락당獨樂堂은 경상북도 경주시 안강읍 옥산리에 위치한다. 옥산서원에서 서북쪽으로 약 700m 떨어져 있다. 1964년 11월 14일에 보물 제413호로 지정되었다.
　이 집은 회재 이언적이 사간원 사간으로 재직할 당시 김안로의 재등용을 반대하다 오히려 그 일파에게 탄핵을 받아 파직되어 낙향하였을 때 지은 것이다. 이언적—서자 이전인—이준 3대에 걸쳐 완성되었다. 이언적은 1532년에 낙향한 후 안채와 사랑채인 독락당을 지었고, 1533년에 선친 이번이 지었던 역락재亦樂齋를 개수하여 '계정溪亭'으로 이름을 고쳤다. 이언적 사후 1554년에 이전인이 안채를 중수하고 어서각과 사당을 건립하였으며, 이

전인의 아들 이준이 1572년에 안채를 중수하였다. 이후 행랑채와 고직사庫直舍, 마구간 등의 부속 건물들이 지어졌다. 현재 행랑채 앞으로 배치되었던 마구간과 고직사는 해체된 상태이다.

건물은 안채, 사랑채인 독락당, 행랑채, 정자인 계정과 사당, 어서각, 공수각 등으로 구성된다. 크게 사랑채 영역과 안채 영역으로 구분되며, 이 중 사랑채 영역에는 사당과 계정 등이 포함된다.

안채는 25칸 규모로 북쪽에 대청과 안방, 남쪽에 대문, 서쪽에 광, 동쪽에 사랑채를 배치하였다. 안방은 'ㄱ'자 평면의 건물채에 남향한 대청 2칸, 서쪽에 안방 1칸, 동쪽에 머릿방(밀방) 1칸이 있다. 안방 서쪽에서 남쪽으로 꺾이는 모서리에 부엌이 있고, 부엌 남쪽으로 서녘방(아이방) 2칸이 이어져 있다. 안마당을 사이에 두고 안채 맞은편에 위치한 아래채는 안채와 함께 'ㅁ'자형 배치를 이루고 있다. 숨방채는 안채와 2.1m의 마당 사이로 'ㅡ'자 평면으로 배치되었다. 안채의 후원에는 이언적의 친구가 중국 사신으로 다녀와 선물한 주엽나무가 식수되어 있다.

건축물의 중심이 되는 사랑채 독락당은 말 그대로 '홀로 즐겁다'는 뜻이다. 송나라의 사마광이 왕안석의 개혁정치를 거부하고 낙향하여 향촌에 독락원獨樂園을 경영하고 은거생활에 들어갔던 것에서 유래한다. 낮은 기단 위에 세워진 독락당은 마당의 담으로 인해 독립적이면서도 단절된 느낌을 준다. 동시에 땅에 낮게

깔려 자연과 조화를 이루는 배치와 구성을 하고 있다. 이는 마치 선비가 자연과 벗하며 학문에 정진하는 것 같은 느낌을 준다.

독락당 북쪽에 있는 협문에 들어서면 하천 가에 'ㄱ'자형의 계정이 있다. 계정은 소담하고 작은 규모로 지어져, 독락당과는 또 다른 풍모를 느낄 수 있다. 1620년경에 소실된 것을 1650년에 중건하였다. 자연과 바로 면하는 계정은 하천의 자연암반 위에 기둥을 세워 건립한 것이다. 정면 3칸, 측면 1칸으로, 대청마루 2칸과 방 1칸이 있다. 대청마루에서는 계류에 있는 '영귀대詠歸臺'와 '관어대觀魚臺'를 내려다볼 수 있고, 상류에 있는 '징심대澄心臺'와 '탁영대濯纓臺'를 바라볼 수 있다. 대청마루에는 '계정' 현판이 있는데 이는 조선 중기의 명필 석봉 한호의 글씨이다. 남쪽으로 향한 온돌방 바깥벽에는 '양진암養眞庵'이라는 현판이 걸려 있는데, 계정의 다른 이름으로 퇴계의 글씨이다. 헌함軒檻에는 '인지헌仁智軒'이라는 현판이 걸려 있는데, 이 역시 계정의 다른 이름이다.

이 밖에 임금이 하사한 서책을 보관하는 건물인 어서각과 노비들이 거처하며 음식을 마련하던 공수간 등이 있다. 동측 대문은 사랑채인 독락당과 계정으로 통하는 문이다.

(위) 계정 현판. 석봉 한호의 글씨이다.
(중간) 양진암 현판. 퇴계 이황의 글씨이다.
(아래) 계정 내 현판. 용주 조경의 글씨이다.

# 5. 옥산서원

옥산서원玉山書院은 양동마을에서 서쪽으로 8km 가량 떨어진 경상북도 경주시 안강읍 옥산리 7번지에 위치하고 있다. 회재 이언적을 배향하고 있으며, 퇴계 이황을 모신 도산서원과 함께 영남지역을 대표하는 2대 서원으로 꼽힌다. 1967년 3월 8일에 사적 제154호로 지정되었다.

옥산서원의 유래는 1572년 당시 경주 부윤이었던 이제민이 이 지역 선비들과 함께 이언적의 뜻을 기리고자 독락당 아래에 사당을 세우면서부터 시작된다. 사당 설립 과정에서 부윤 이제민과 후임 부윤 박승임은 건립에 필요한 물자를 보내왔을 뿐 아니라 직접 터를 잡고 인부를 고르는 등 실질적인 일을 주관하였

옥산서원 현판. 추사 김정희가 썼다.

옥산서원 강당

다. 특히 이제민의 경우 서원 인근 정혜사와 두덕사斗德寺 및 사기·수철·야철 등이 만들어지는 곳(店)을 서원에 소속시켜 재원의 기초를 마련하였다. 1572년 2월에 시작하여 8월에 이르러 사우·강당·동재·서재 등 총 40여 칸을 건립하였다. 이때 건립된 건물 중 체인묘體仁廟(사당)·구인당求仁堂(강당)·양진재兩進齋·해립재偕立齋·무변루無邊樓·역락문亦樂門은 영의정 노수신盧守愼이 명명하고 현판은 당대의 명필인 석봉石峰 한호韓濩가 썼으며, 민구재敏求齋·암수재闇修齋는 성균관 대사성大司成 허엽許曄이 명명하고 현판은 승지承旨 배대유裵大維가 썼다.

다음 해 2월 서악西岳 향현사鄕賢祠에 있던 이언적의 위패를 모셔와 처음으로 향사를 행하였으며, 12월에는 감사 김계휘金繼輝가 조정에 사액賜額을 요청하는 보고서를 올려서 '옥산玉山'이라는 편액과 서책을 하사받았다. 서원의 이름을 '옥산'이라 한 까닭은 자옥산 기슭에 있기 때문이다. 이때 편액扁額은 당시 영의정이었던 이산해가 교서敎書를 받들어 썼다. 이후 1839년에 구인당의 화재로 편액이 소실되어 다시 사액을 받았는데, 이때는 당대의 명필인 추사秋史 김정희金正喜가 썼다.

옥산서원은 대원군이 서원철폐령을 내렸을 때에도 헐리지 않은 47개 서원 중 하나로서, 임진왜란의 병화를 면하여 건물과 소장 유품들이 잘 보존된 상태로 지금에 이르고 있다. 뿐만 아니라 이언적의 친필 저서를 비롯하여 이름난 학자들의 책과 글씨들이 5천여 점이나 소장되어 있어 역사적·문화적 가치가 높은 곳이다.

옥산서원은 따로따로 떨어진 여러 채의 건물로 구성되어 있다. 언뜻 보면 이들 건물들은 주변에 대해 크게 관심을 두지 않고 홀로 서 있는 것처럼 느껴진다. 하지만 자세히 보면, 홀로 서 있는 것처럼 보이는 건물들은 모두 주변에 있는 건물들과 서로 연관을 가지고 있다. 그것도 어느 한 방향으로만 연관을 가지는 것이 아니라 다른 방향에 있는 주변의 다수 건물들과 밀접하고도 다양한 연관을 가진다. 이런 연관성은 건물 안에 있는 방의 경우도 마찬가지이다. 한 건물 안에 있는 하나의 방과 또 다른 방이 서로 연관되도록 되어 있다. 이런 구조적 연관성은 옥산서원이 가진 가장 큰 특징이다.

옥산서원의 공간은 무변루가 중심이 되는 출입 관련 시설, 강당을 중심으로 한 강의 관련 건물, 사당이 중심이 되는 제사 관련 건물, 그리고 부속 건물의 4개의 영역으로 나뉜다.

서쪽의 정문인 역락문을 들어가면 문루인 무변루가 있다. '역락亦樂'은 『논어』「학이學而」편에 나오는 말로 "벗이 있어 멀리서 찾아오면 또한 즐겁지 아니한가"(有朋自遠方來 不亦樂乎)에서 유래한 것이다. 학문의 즐거움을 아는 사람들이 출입하는 문이라는 의미이다. 무변루는 정면 5칸, 측면 2칸에 2층으로 이루어진 누각으로, 2층 양측 내실과 1층 통문을 갖추었고 모두 원주에

난간을 돌렸다. 무변루에는 석봉 한호가 쓴 '무변루'라는 편액이 걸려 있다. 본래 무변루의 명칭은 납청루納淸樓였는데 노수신盧守愼이 이언적의 유적으로서는 마땅치 않은 이름이라 하여 바꾸었다. '무변'이란 북송의 유학자 주돈이의 '풍월무변風月無邊'에서 유래한 것으로, 말 그대로 서원 밖 계곡과 산이 한눈에 들어오게 하여 그 경계를 없애는 곳을 의미한다.

무변루를 지나 계단을 오르면 마당에 이르게 된다. 마당 정면에는 '구인당'이란 당호의 강당이 있다. 구인당은 정면 다섯 칸, 측면 두 칸의 규모로, 가운데 세 칸은 대청마루이고, 왼편 남쪽 방 '양진재'와 오른편 북쪽 방 '해립재'로 구성되어 있다. 대청 양쪽의 양진재와 해립재는 서로 분리되지 않고 대청을 통해 연결된다. 구인당의 '구인'은 이언적이 쓴 『구인록』에서 따온 것으로 성현의 학문이 오로지 '인仁'을 '구求'하는 데 있다는 이언적의 성리학의 핵심 사상을 의미한다. '양진'은 '명明'(도덕을 밝힌다)과 '성誠'(의지를 성실하게 한다)을 갖추어 전진함을 말하는 것이고, '해립'은 경건한 마음가짐과 신의로써 사물에 대처한다는 '경의해립敬義偕立'에서 취한 것이다.

구인당 앞 좌우에는 원생들의 기숙사 격인 동·서재실 '민구재'와 '암수재'가 있다. 각각 정면 다섯 칸, 측면 한 칸 규모의 단층 맞배지붕 기와집이다. 동재인 민구재는 『논어』「술이述而」편에서 공자가 스스로를 가리켜 "나는 옛것을 좋아하여 부지런히 찾아서 배운 사람"(好古敏以求之)이라고 했던 글에서 따온 것이고, 서재인 암수재는 주희가 스스로의 학문에 대해 "드러나지 않는 가운데 나날이 새롭고 밝게 학문을 펼쳐 나간다"(闇然自修)고 한 문장에서 취했다.

구인당 뒤편 담으로 둘러싸인 공간 속에는 사당인 '체인묘'와 '전사청典祀廳'이 있다. 체인묘는 옥산서원의 중심 전각으로 정면 세 칸, 측면 두 칸의 규모이다. 내부에 이언적의 위패가 봉안되어 있다. 매월 초하루와 보름에 향을 올리고, 봄·가을로 제사를 지낸다. '체인'은 어질고 착한 일을 실천에 옮긴다는 의미이다. 체인묘 서북쪽에는 서원을 세운 지 5년 뒤인 1577년에 건립된 신도비와 신도비를 보존하기 위해 지은 비각이 있다. 비문은 기대승이 지었고 글씨는 이산해가 썼으며, 경상북도 유형문화재 376호로 지정되어 있다.

이 밖에 경각經閣을 비롯하여 고직사, 포사, 문집판각 등이 있다. 경각과 문집판각에는 각종 판각과 어서를 보관하였다. 2010년에 문화재청의 도움을 받아 현대식 장서각인 '청분각淸芬閣'을 신축하였는데 이곳에는 보물 제525호로 지정된 『삼국사기』를 비롯한 역사적·사료적 가치가 뛰어난 전적들이 소장되어 있다.

옥산서원은 설립 무렵부터 조선왕조의 서원진흥책에 힘입어 급속히 발전하였다. 특히 이언적이 1610년에 동방오현의 한

분으로 문묘에 배향되면서 향촌 내에서의 영향력이 더욱 증가하게 되었다. 그 결과 옥산서원은 경주지역 유림사회를 실질적으로 영도하면서, 교육 및 정치·사회 활동의 중심지로서 그 위치를 확고히 하였다.

# 6. 양동구곡과 옥산구곡

### 1) 양좌동구곡良佐洞九曲[1]

설창산雪蒼山과 설창수雪蒼水[2]에 진령眞靈[3]이 감춰져 있어,
땅의 정기 동도東都[4]에서 가장 맑고 깨끗하네.
그 아래 주진朱陳[5]이 이웃에 살아가며,
집집마다 시 읊고 글 읽으니 그 소리 아름답네.

雪山雪水蘊眞靈　　地氣東都最淑淸
其下朱陳居比屋　　戶絃家誦是芳聲

(1) 형강[6]곡兄江曲

산 수레와 바다 배가 모조리 다 모이니,
형산강은 첫째 굽이 많은 내(川)가 물을 쏟네.
주민들이 고기와 소금의 이익을 다투어 말을 하니,
닷새 장날 십 리에 연기 갖고 돌아가네.
都會山車與海船　兄江一曲注群川
居民競說魚塩利　五日攜歸十里烟

(2) 봉림대[7]곡鳳臨臺曲

남쪽 골짜기의 낭간琅玕[8] 여섯일곱 봉우리에,
봉림대鳳臨臺는 둘째 굽이 봉이 나는 모양이라.
당시에 점을 쳐서 딴 곳에 자리 잡으니,
흐르는 물과 텅 빈 대에 연기와 안개만 두텁구나.
南谷琅玕六七峯　鳳臨二曲鳳飛容
當時龜筮從遷地　流水空臺烟霧重

(3) 정전[9]곡井田曲

쟁기가 냇물을 건너는데 배를 기다리지 않으니,

정밭(井田)은 셋째 굽이 해마다 풍년일세.
게으른 농군이 어찌 부지런한 농부와 같으랴만,
풍년에도 굶주림을 호소하니 정말 네가 가련하구나.
來耟濟川不待船　　井田三曲每豊年
惰農豈若勤農者　　樂世呼飢正爾憐

(4) 행단[10]곡杏壇曲

화표華表[11]가 서 있는 동문洞門에 다다르니 큰 바위가 짓누르고,
행단은 넷째 굽이 풀이 길게 늘어졌네.
행인들이 정충각[12]을 지나가며 절을 하면서,
쌍산雙山[13]의 난설담亂雪潭을 울면서 얘기하네.
華表當門鎭巨巖　　杏壇四曲草䒎毿
行人過拜旌忠閣　　泣說雙山亂雪潭

(5) 물봉곡勿峰曲

북쪽 길로 걸어가니 골짝 어귀 깊숙한데,
물봉勿峰은 다섯째 굽이 평지가 숲이로세.
나라 사람 다투어 창평리昌平里[14]라 말을 하니,
까마귀를 사랑하는 것으로 미루어 현인을 사모하는 마음을 알

132

수가 있네.
北路逶迤谷口深　勿峯五曲得平林
邦人競誦昌平里　愛鳥推識慕賢心


(6) 설천정[15]곡雪川亭曲


골짜기를 겨우 지나 설천만雪川灣을 굽어보니,
설천정雪川亭은 여섯째 굽이 대나무로 둘러 있네.
책 읽기를 못다 하고 거문고를 들고 앉았으니,
그 누가 하느님이 한가로움을 독차지한다 말을 하랴.
一壑窄過俯雪灣　雪川六曲竹爲關
讀書未了携琴坐　誰道天公獨靳閒


(7) 수운정[16]곡水雲亭曲


산 아래는 늘 흐르는 십 리의 여울,
수운정水雲亭은 일곱째 굽이 들 경치를 구경하네.
이곳은 청허자淸虛子[17]가 세상 피해 살았던 곳,
고목의 짙은 그늘 여름에도 차갑구나.
山下長流十里灘　雲亭七曲野色看
淸虛老子捿遲處　古樹陰陰暑月寒

(8) 사호도곡沙湖渡曲

서북쪽 내려다보이는 평활한 곳에 큰 들이 열렸는데,
사호沙湖는 여덟째 굽이 물이 빙빙 돌아가네.
고기잡이 벼농사에 알맞은 산남山南 땅이니,
아침에 나간 마을 아이 달빛 띠고 돌아오네.
西北平臨大野開　　沙湖八曲水旋迴
宜漁宜稻山陽地　　朝出村童帶月來

(9) 설창산[18]곡雪蒼山曲

비학산이 남쪽에 내려와 춤추는 봉 같은데,
설창산雪蒼山 아홉째 굽이 아래는 깊은 냇물이라네.
상서로운 기운이 여기에 가득 차 있으니,
동해의 부상국扶桑國[19] 하늘 높이 끌어 왔네.
飛鶴南來舞鳳然　　雪蒼九曲下深川
扶輿磅礴於玆在　　控引扶桑萬里天

## 2) 옥산구곡[20]

옥산구곡玉山九曲은 이언적이 은거했던 경주시 안강읍 옥산리의 옥산천 일대에 설정된 구곡원림九曲園林이다. 조선 후기 하계霞溪 이가순李家淳이 옥산서원을 방문한 후 이언적의 은거지에 구곡원림이 없는 것을 안타까워하여 회재 이언적의 자취가 남아 있는 제1곡 송단에서 제9곡 사자암에 이르는 옥산구곡을 설정하였다.

이때의 옥산구곡은 이언적이 명명한 지점을 아홉 굽이로 설정하였고, 「옥산구곡시」를 읊으며 옥산을 유학자들에게 성리학적 이상세계로 만들려 하였다. 옥산구곡은 제1곡 송단松壇, 제2곡 용추龍湫, 제3곡 세심대洗心臺, 제4곡 공간孔澗, 제5곡 관어대觀魚臺, 제6곡 폭포암瀑布巖, 제7곡 징심대澄心臺, 제8곡 탁영대濯纓臺, 제9곡 사암獅巖(獅子巖)이다. 「옥산구곡시」는 이가순의 문집인 『하계집霞溪集』 권3 「시詩」에 수록되어 있다.

### (1) 송단곡松壇曲

| | |
|---|---|
| 일곡이라 음단에 고깃배 매어 놓고, | 一曲吟壇繫釣船 |
| 화산을 돌아보니 장천에 비치네. | 回看華岳映長川 |
| 낯익은 어조를 관리하는 사람 없어, | 慣顏魚鳥無人管 |
| 창송이 저문 안개에 서 있을 뿐이네. | 只有蒼松立暮煙 |

이가순은 제1곡인 송단에서 구곡유람을 시작하였다. 송단은

현재 옥산삼거리에서 서원마을로 난 길을 따라 약 1km 정도 들어가면 도로의 왼편에 보이는 낮은 언덕이었던 것으로 보인다. 송단에서 왼쪽으로 일정 부분 거리를 두고서 옥산천이 흐르고 있으며 송단에 올라서면 앞으로 서당마을이 보인다.

이가순은 송단에서 고깃배를 매어 놓고 주변 경관을 설명하고 있다. 그러나 실제 고깃배를 매어 놓은 것은 아니고 주자가 무이구곡을 고깃배로 거슬러 오르듯이 자신도 옥산구곡을 고깃배로 거슬러 올라가고 싶었던 것을 묘사하고 있다. 그리고 주변 경관을 설명하는 방식도 주자의 무이구곡의 방식을 그대로 사용하여 회재의 옥산구곡과 주자의 무이구곡이 다르지 않다는 것을 보여 주고 있다. 그러나 송단에서의 아쉬운 점이 있다면 바로 물고기와 새를 관리하는 사람은 없고 푸른 소나무만 저문 안개에 서 있다는 것이다. 여기서 물고기와 새를 관리하는 사람은 이언적을 말한다. 주자의 학문을 계승하고 발전시킨 회재가 옥산구곡을 설정하고 경영해야 하지만 이가순이 이곳에 왔을 때에는 그 모습을 볼 수 없어 안타까워하고 있다.

### (2) 용추곡龍湫曲

| | |
|---|---|
| 이곡이라 영추가 난봉을 곁에 하고, | 二曲靈湫傍亂峯 |
| 긴 시간 우레 비가 폭포 물이 되었네. | 長時雷雨任舂容 |

| 창생들 너나 없이 운예를 바라는데, | 蒼生擧切雲霓望 |
| 누가 상암으로 구중과 막히게 하였나. | 誰遣商巖隔九重 |

제2곡인 용추는 제1곡 송단에서 서원마을 입구에 이르러 옥산천으로 내려가면 보이는 작은 폭포이다. 용추는 상용추·하용추가 있는데, 조선 후기 연경재 성해응은 상용추·하용추에 대하여 "마을에 들면 물이 깊은 곳이 하용추이다. 또 옥산서원 문에 이르면 조금 서쪽에 수백 인이 앉을 수 있는 세심대가 있고 작은 폭포가 있는데 세심대 아래로 떨어져 맑은 못이 된다. 못 위에 퇴계 선생이 쓰신 용추 글자를 새겨 놓았다"(『硏經齋全集』, 권51, 「山水記下」, '記嶺南山水')라고 하였다. 이가순은 옥산구곡의 용추로 하용추를 설정하였다.

제2곡 용추에 이르면 여러 봉우리가 곁에 있고 우레 비가 폭포 물이 되어 떨어진다. 창생들은 모두 운예를 바라는데 이 운예는 바로 백성들을 편안히 해 줄 수 있는 정치가, 즉 이언적을 비유했다. 상암은 부열傅說의 고사에 나오는 어진 선비로, 구중은 조정을 말한다. 즉 회재가 조정에 나아가 올바른 정치를 펴서 백성들의 생활을 안정되게 해 주기를 바라지만 그렇게 되지 못하는 아쉬움을 나타내고 있다.

### (3) 세심대곡洗心臺曲

| | |
|---|---|
| 삼곡이라 세심대는 달을 실은 배 하나, | 三曲心臺月一船 |
| 진실로 정일을 전한 지가 절로 천년이네. | 眞傳精一自千年 |
| 인을 체득하여 선천의 학문을 알게 되니, | 體仁會得先天學 |
| 무변루의 바람과 달이 더욱 어여쁘네. | 風月無邊更可憐 |

세심대 밑으로 용추가 흐르고 있고 이곳에서 바라보면 담장 너머로 옥산서원의 지붕이 보인다. 제2곡의 용추와 이름이 같지만, 지점상 제2곡의 용추는 하용추이며 이곳의 용추는 상용추로 '용추'라는 글자가 음각되어 있다. 이 굽이 오른쪽으로 너럭바위가 층을 이루어 넓게 있는데 앞서 기록에서는 이곳에 수백 인이 앉을 수 있다고 하여 세심대의 모습을 연상시켜 준다. 세심대의 중간 지점에 '세심대'라고 새긴 글자가 있다.

이가순은 제1곡 송단에서 배를 준비하고 어느덧 달을 실어 세심대에 이르렀다. 주변에서는 맑은 물이 세심대 옆으로 흘러 용추로 떨어지고, 넓은 이 바위에서 이언적 역시 맑은 물소리와 함께 자기 자신을 수양하고 성리학을 공부하였을 것이다. 결국 이런 공부는 자기 자신을 수양하는 것인데, 이러한 가르침은 공자로부터 시작되었으니, 진실로 정일을 전한 지가 천년이 넘게 된 것이다. 이처럼 세심대는 선비들이 자기 자신을 수양하고 공부하는 공간으로, 공자의 가르침인 인仁을 체득함으로써 비로소 공자의 학문에 나아가고 선천의 학문에 이르게 되는 것이다. 그리고 마침내 마음을 수양하고 맑게 함으로써 무변루의 바람과 달이 더욱 어여쁘게 보였던 것이다.

### (4) 공간곡孔澗曲

| | |
|---|---|
| 사곡이라 원천이고 태암이니, | 四曲原泉又泰巖 |
| 학전은 어느 날에 봉황의 모습을 하였나. | 鶴巓何日鳳儀毿 |
| 적은 물이 바다에 이르는 천리 길에, | 涓到海心千里上 |
| 밤낮으로 시냇물은 빈 못에 들어가네. | 晝夜川流入空潭 |

제3곡 세심대에서 시내를 따라 100m 정도 올라가면 공간에 이른다. 공간은 '구멍 난 바위가 많은 시내'를 의미하는데, 이곳의 시내 바닥에 구멍이 난 돌이 많이 있어 공간으로 추정할 수 있다.

제4곡에 이르니 원천과 태암이 보였다. 원천은 끊임없는 물로 이곳으로 흘러들어오는 맑은 물이 커다란 바위 위를 흘러가고, 무학산은 봉황의 모습처럼 아름다운 모습을 하고 있었다. 적은 물이 바다에 이르기까지 밤낮으로 흘러 빈 못으로 들어간다는 구절은 이가순이 『맹자』「이루하」를 인용한 것이다. 맹자는 물을 보는 것에 있어 흐르는 물은 반드시 웅덩이를 채우지 않으면 나가지 못한다고 하였다. 그러므로 공부하는 선비에게 있어서도 쉬지 않고 차근차근 실천하여 학업을 성취할 수 있도록 당부하였다. 이가순은 이 내용을 생각하고 흐르는 물이 빈 못으로 들어가는 모습을 통해 자신의 학업에 대해 다시 한 번 생각함으로써 제4곡에서 이러한 시를 읊은 것으로 보인다.

### (5) 관어대곡觀魚臺曲

| | |
|---|---|
| 오곡이라 시냇가 정자는 지경이 더욱 깊어, | 五曲溪亭境更深 |
| 꽃에 물을 대고 대를 기르니 원림이 풍성하네. | 澆花剖竹葆園林 |
| 종일토록 대에 임해 물고기의 즐거움 아니, | 臨臺永日知魚樂 |
| 활발한 천기는 성인의 마음과 합치하네. | 活潑天機契聖心 |

관어대는 독락당 뒤에 있는 계정 아래에 있다. 이언적은 계정이 자리한 넓은 바위를 관어대라 하였는데 '물고기를 바라보는 누대'라는 의미이다. 이언적이 이렇게 이름을 붙인 연유는 이곳을 흐르는 물이 천천히 흘러 넓은 연못을 만드는데, 여기서 물고기가 헤엄치고 있는 것을 바라볼 수 있기 때문이었다.

계정은 이언적이 세상과 거리를 두고 자연과 더불어 사는 삶을 기뻐하며 시냇가에 지은 정자를 말한다. 그리고 이 정자에서 아래쪽 시내에서 헤엄치고 있는 물고기를 바라보았다. 이 시는 이언적이 계정을 짓고 꽃과 대나무 등을 심어 원림을 풍성하게 하였음을 말하며 그런 구곡원림이 성리가 구현되는 공간인 만큼 천기가 활발하게 구현되는 것 그 자체가 바로 성인의 마음과 일치했던 것이다.

### (6) 폭포암곡瀑布巖曲

| | |
|---|---|
| 육곡이라 폭포는 맑은 한 물굽이니, | 六曲懸流玉一灣 |
| 마른 우레 나는 우박 송관을 가리네. | 晴雷飛雹掩松關 |
| 동천은 멀리 인간 세상과 막혀 있어, | 洞天逈與人煙隔 |
| 태극서가 이뤄지고 일월이 한가하네. | 太極書成日月閑 |

제6곡인 폭포암은 현재 옥산저수지 제방 아래, 즉 사자암 아래에 있었다고 한다. 과거 옥산저수지가 건설되기 전에는 폭포와 그 아래에 큰 못이 있어 마을 사람들이 찾았던 곳이었다고 하나, 현재는 옥산저수지 제방을 쌓는 과정에서 사라졌다. 그래서 현재 그 모습을 볼 수는 없으나 노계 박인로가 지은 「독락당」에서 "영귀대에서 멀리 바라보니 붉은 안개가 드리운 곳에 폭포가 있었다"(『蘆溪先生文集』, 권3, 「歌」, '독락당')라는 내용을 찾아볼 수 있다.

제5곡에서 흐르는 물이 제6곡에 이르러 우박처럼 떨어지는 폭포를 만나게 된다. 주위가 소나무로 둘러져 있어, 이가순은 이

공간을 멀리 인간 세상과 막혀 있는 아주 맑은 곳이라 보았다. 이처럼 세상의 탁한 공간과 단절된 청정한 공간이기에 만물의 본원이 드러나고 이를 통해 해와 달이 한가롭게 느껴졌던 것이다.

### (7) 징심대곡澄心臺曲

| | |
|---|---|
| 칠곡이라 징심대가 푸른 여울에 비치니, | 七曲澄臺映碧灘 |
| 신령한 근원의 한 점이 거울 속에 보이네. | 靈源一點鏡中看 |
| 하늘의 구름은 밤낮으로 참다운 광경이니, | 天雲日夜眞光景 |
| 작은 못의 차가운 활수가 더해지기 때문이네. | 添得方塘活水寒 |

징심대는 제5곡 관어대에서 얼마 떨어지지 않은 곳에 있다. 징심대에 올라서서 그 아래에 고여 있는 못을 바라보며 자신의 마음을 깨끗하게 할 수 있었기 때문에, 이언적은 이곳을 징심대라 하였다. 그런데 징심대의 위치에 있어『여강이씨족보』에 실려 있는 옥산의 경관 그림을 보면, 이곳을 현재 탁영담이라 부르고 그 다음 굽이를 징심대라 표시하였다. 그러나 첨모당 임운이 옥산천을 거슬러 오르며 읊었던 시를 통해 징심대의 위치가 현재 탁영담이라 부르는 곳임을 알 수 있다.

(8) 탁영대곡濯纓臺曲

| 팔곡이라 찬 못이 돌을 안고 열리니, | 八曲寒潭拘石開 |
| 티끌 물은 갓끈 다 씻고 물길 따라 도네. | 塵纓濯盡任沿洄 |
| 나에게 베풀어진 광명이 다함이 없는데, | 光明惠我垂無極 |
| 묘처를 누가 능히 체험할 수 있으리오. | 妙處誰能體驗來 |

제7곡 징심대에서 조금 올라가면 물 양쪽으로 바위가 마주 보는 곳을 보게 되는데 이 곳이 바로 탁영대이다. 흐르던 물이 이곳에 오면 양쪽으로 있는 바위들로 인해 폭이 좁아지지만 완만한 경사에서 천천히 흐르며 수심은 크게 깊지는 않은 기다란 못을 이룬다. 팔곡의 탁영대에 이르러 차가운 물이 큰 바위 사이로 열리니 여기서 티끌이 묻은 갓끈을 씻는다 하여 탁영대라 불렀다. 갓끈을 씻고 물길을 따라 걸으며 자신에게 주어진 광명이 다함이 없으나 묘처를 체험하기란 쉬운 일이 아니었다. 이가순은 묘처에 이르기 위해 이곳에서 티끌이 묻은 갓끈을 씻고 제9곡 사암으로 향했다.

(9) 사암곡獅巖曲

| 구곡이라 산이 높고 땅이 절연하니, | 九曲山高地巀然 |

| 도화 눈에 가득하고 해오라기 내에 자네. | 桃花滿眼鷺眠川 |
| 영사가 한번 울어 군칩을 놀라게 하여서, | 靈獅一吼驚群蟄 |
| 천고의 세월 동안 혼돈을 거듭 여네. | 重闢渾淪萬古天 |

제8곡 탁영대에서 물길을 따라 올라가면 옥산저수지가 나타난다. 옥산저수지 왼쪽 수구水口 부분에 칡넝쿨로 덮인 바위가 바로 사암인데, 저수지 제방 축조 과정에서 일부가 손상되었다. 사암 맞은편에는 호암이 있다. 전설에 의하면 이 부근에 호랑이가 자주 출몰하였는데, 이언적이 맞은편에 있는 바위를 사자암이라고 정하고 나서는 호랑이가 나타나지 않았다고 한다.

마지막 제9곡은 산이 높고 땅이 절연한 곳으로, 주변에는 복숭아꽃이 가득하고 해오라기가 물가에 앉아 잠을 자고 있다. 도화꽃은 신선의 세계를 설명할 때 많이 등장하는데 해오라기 새도 평온히 자고 있는 모습이 마치 신선의 세계를 연상시킨다. 이런 곳에 사암이 있었다. 사암이 한번 울자 세상이 놀라고 혼돈으로 가득 찬 세상을 새로 열게 하였다. 이 혼돈의 세상은 우주가 생성되기 전을 말하며 사암은 우주를 여는 존재, 즉 도道가 이곳에서 시작되어 옥산구곡으로 퍼져 나가는 것을 뜻하고 있다.

# 7. 양동마을 관련 국가지정 문화재 목록

　　양동마을의 경주손씨와 여강이씨 두 가문은 500년이 넘는 시간 동안 세거하면서 오랜 기간 전통문화를 계승해 왔다. 그 결과 마을 전체가 국가지정문화재인 중요민속자료 제189호로 지정되었고, 2010년 7월에는 '한국의 역사마을: 하회와 양동'으로 유네스코 세계문화유산에 등재되었다.

　　양동마을과 관련된 등록문화재는 소장처에 따라 양동마을, 옥산서원, 독락당의 세 곳으로 나눌 수 있다. 양동마을에는 국보 제283호인 『통감속편』을 비롯하여 보물 제411호 무첨당 등 보물 4점, 중요민속문화재 17점, 시·도 지정문화재 16점, 향토문화재 2점, 총 34점의 문화재가 지정되어 있다.

옥산서원의 경우 보물 제525호로 지정된 『삼국사기』를 비롯하여, 사적 제154호로 지정된 옥산서원, 경상북도 유형문화재 제376호인 문원공회재이언적신도비 文元公晦齋李彦迪神道碑 등 총 3점의 문화재를 소장하고 있다. 현재 『국조유선록 國朝儒先錄』을 비롯한 성책류 成冊類와 서원 관계 고문서류가 보물로 지정될 예정이다.

또 독락당에는 보물 제526호인 여주이씨 옥산문중 유묵을 비롯한 보물 5건과 천연기념물 제115호인 경주 독락당 조각자(주엽)나무 등 총 6건의 문화재를 보유하고 있다. 소장처별 주요 국가지정 문화재는 다음과 같다.

### 1) 양동마을

#### (1) 『통감속편』〈국보 제283호〉

『통감속편 通鑑續編』은 원나라 진경 陳經이 지은 역사서로, 1423년(세종 5)에 간행한 것으로 경주손씨 종가인 서백당 書百堂에 전해져 오고 있다. 이 판본은 1420년 11월에 주조한 경자자 庚子字로 인쇄하였으며, 24권 6책의 완질본이다.

### (2) 양동 무첨당〈보물 제411호〉

무첨당無忝堂은 양동마을 여강이씨 종가(무첨당파)의 별당別堂으로 사랑채의 연장 건물이다. 앞면 5칸, 옆면 2칸 규모로 이루어져 있으며 가운데에는 대청이 자리 잡고 있다.

### (3) 양동 향단〈보물 제412호〉

여강이씨 향단파의 주손댁이다. 향단香壇은 이언적의 아우인 이언괄의 손자 이의주李宜澍의 호이다. 이 집은 이언적이 경상 감사에 부임할 때 중종이 그 어머니의 병환을 보살펴 돌볼 수 있도록 특별히 배려하여 지어 준 집이라 전한다. 외부의 지붕 구조와 내부 구조가 화려하고 세밀한 것이 특징이다.

### (4) 양동 관가정〈보물 제442호〉

관가정觀稼亭은 손중돈孫仲暾이 거주했던 옛집으로, 양동 들판을 조망하는 곳에 위치해 있다. 조선 중기 남부지방 주택의 특색이 남아 있는 건물이다.

(5) 손소 초상〈보물 제1216호〉

손소孫昭는 1467년(세조 13)에 일어난 이시애李施愛의 난을 평정하고 적개공신敵愾功臣에 오른 인물이다. 이 그림(肖像)은 적개공신 때의 모습을 10년 후인 1476년(성종 7)에 그린 것으로 조선 초기 공신도상을 대표하는 작품이나, 작가는 확인되지 않는다. 그림은 비단 위에 그려져 있으며 크기는 가로 105㎝, 세로 160㎝이다.

(6) 양동 서백당〈중요민속자료 제23호〉

서백당書百堂은 경주손씨의 종가로 이 마을의 경주손씨 입향조入鄕祖인 손소가 1484년(성종 15)에 지은 집이다. 조선 전기 옛 가옥 연구에 중요한 자료가 되고 있다.

(7) 양동 낙선당〈중요민속자료 제73호〉

낙선당樂善堂은 손소의 셋째 아들 손숙돈孫叔暾이 1540년(중종 35) 살림을 날 때 지은 건물이다. 현재는 손종로孫宗老의 후손이 살고 있다.

### (8) 양동 사호당고택〈중요민속자료 제74호〉

1840년(헌종 6)경에 세워진 건물로 진사進士였던 이능승李能升이 살았던 건물이다. 그의 호를 따 사호당고택沙湖堂古宅이라 부르고 있다.

### (9) 양동 상춘헌고택〈중요민속자료 제75호〉

1730년(영조 6)경에 이덕록李德祿이 지은 건물이다. 그의 후손으로 이 집에 거주한 이석찬李錫贊의 호를 따서 상춘헌고택賞春軒古宅이라 부르고 있다. 특이하게 중부지방 가옥의 배치 형태를 따르고 있다.

### (10) 양동 근암고택〈중요민속자료 제76호〉

이정수李鼎壽가 1780년(정조 4)경에 지은 건물이다. 그의 후손 이희구李熙久의 호를 따서 근암고택謹庵古宅이라 부르며, 이희구가 참봉을 역임했기에 참봉댁이라고도 한다. 건물에 둥근 기둥을 쓰지 않은 소박한 건물이다.

### (11) 양동 두곡고택〈중요민속자료 제77호〉

1733년(영조 9)경에 이덕록의 둘째 아들인 이식중李湜中이 지은 건물이다. 후에 이조원李祖源이 매입함으로써 그 후손이 거주하게 되었다. 두곡고택杜谷古宅은 이조원의 호를 딴 것이다.

### (12) 양동 수졸당〈중요민속자료 제78호〉

수졸당守拙堂은 이언적의 넷째 손자인 이의잠李宜潛이 1616년(광해군 8)경에 지은 건물로, 수졸당파의 주손댁이다. 1744년(영조 20)에 사랑채를 늘려 지었다.

### (13) 양동 이향정〈중요민속자료 제79호〉

1695년(숙종 21)경에 지은 건물이다. 군수를 역임한 이범중李範中이 지은 건물로, 이향정二香亭은 그의 호를 딴 것이다. 중부지방의 가옥처럼 안채와 사랑채를 대각으로 배치한 것이 특징이다.

### (14) 양동 수운정〈중요민속자료 제80호〉

수운정水雲亭은 손엽孫曄이 1582년(선조 15)경에 지은 건물로 알

려져 있다. 임진왜란 때에 잠시 태조의 어진御眞이 이곳에 보관되었었다고 전해진다.

### (15) 양동 심수정〈중요민속자료 제81호〉

심수정心水亭은 이언적의 아우인 이언괄李彦适을 추모하기 위해 1560년(명종 15)경에 지은 건물이다. 본 건물은 철종 때 소실되어 1917년경에 다시 지은 것이다. 양동마을의 여러 정자 중 규모가 가장 크다.

### (16) 양동 안락정〈중요민속자료 제82호〉

안락정安樂亭은 1780년(정조 4)경에 만들어진 경주손씨 가문의 서당이다. 정자의 기능도 함께 보유하고 있다.

### (17) 양동 강학당〈중요민속자료 제83호〉

강학당講學堂은 1870년(고종 7)에 만들어진 여강이씨 가문의 서당으로, 안락정과 쌍벽을 이룬다.

## 2) 옥산서원

### (1) 옥산서원〈사적 제154호〉

이언적을 배향하기 위해 건립된 서원이다. 1572년(선조 5) 경주 부윤慶州府尹 이제민李齊閔이 고을 사림의 건의를 받아 처음 세웠으며, 이듬해에 '옥산玉山'이라는 이름을 사액賜額 받았다. 구인당求仁堂(講堂), 무변루無邊樓(樓閣), 체인묘體仁廟(祠堂), 민구재敏求齋(東齋), 암수재闇修齋(西齋) 등의 건물이 남아 있다.

### (2) 『삼국사기』〈보물 제525호〉

1145년(고려 인종 23)에 김부식金富軾이 지은 우리나라 현존 최고最古의 역사서이다. 옥산서원에 소장된 『삼국사기』는 9책 50권이며, 가로 22.4cm, 세로 31.5cm이다. 이 책은 3종의 판이 혼합된 것이다. 1394년(태조 3)에 고려시대부터 경주부에 전해 오던 『삼국사기』 중 마멸된 곳만 다시 새겼고, 1512년(중종 7)에는 전혀 판독이 되지 않는 부분만 보완해서 새겼기 때문이다.

## 3) 독락당

### (1) 경주 독락당〈보물 제413호〉

독락당獨樂堂은 1516년(중종 11)에 이언적이 옥산 일대에 별업別業을 개창하면서 지은 건물이다. 옆쪽 담장에 살을 대어 만든 창을 달아 냇물을 바라볼 수 있게 한 자연 융합적 구조이다.

### (2) 여주이씨 옥산문중 전적〈보물 제524호〉

여강이씨(驪州李氏) 옥산문중玉山門中에 소장되어 있는 주요 전적典籍들을 일컫는다. 대표적인 전적으로는 『정덕계유사마방목正德癸酉司馬榜目』이 있다. 이 책은 1513년(중종 8)에 실시한 사마시 합격자 명단으로, 이언적이 포함되어 있다. 을해자乙亥字로 간행되었으며, 남아 있는 사마방목 중 두 번째로 오래된 것이다. 그 외 보물로 지정된 전적으로는 『이륜행실도二倫行實圖』(1539), 『여어편류儷語編類』(1542), 『대전후속록大典後續錄』(1543), 『황화집皇華集』(1546), 『잠명箴銘』(1547), 『구인록求仁錄』(1550), 『관서추정일기關西趣庭日記』(1549~1553), 『국조유선록國朝儒先錄』(1571)과 조선시대 여러 인사들의 편지와 글씨를 엮은 『퇴계선생수찰退溪先生手札』, 『서애서독西厓書牘』, 『한강서독寒岡書牘』, 『제현서독諸賢書牘』, 『수간手簡』의 총 13종이 전해진다.

### (3) 여주이씨 옥산문중 유묵〈보물 제526호〉

여강이씨 옥산문중에 소장되어 있는 주요 유묵遺墨으로는 『해동명적海東名蹟』,「원조오잠元朝五箴」,「사산오대四山五臺」가 해당된다. 2책으로 이루어진 『해동명적』은 신공제申公濟(1469~1536)가 신라시대부터 우리나라 역대 명필의 글씨를 탁본한 것으로, 고대 서법 연구에 중요한 자료이다. 「원조오잠」은 이언적이 27세 때 지은 「외천잠畏天箴」,「양심잠養心箴」,「경신잠敬身箴」,「개과잠改過箴」,「독지잠篤志箴」을 보고 열 폭의 닥종이에 퇴계가 친필로 남긴 것이다. 「사산오대」는 1530년 옥산으로 귀향한 이언적이 옥산정사玉山精舍를 지은 후 그 주위의 승경勝景을 하나씩 명명命名하고 이를 '사산오대'라 하였는데, 이 중 일곱 곳의 명칭을 대자大字로 써서 축장軸粧한 것으로 역시 퇴계의 친필이다.

### (4) 이언적 수고본 일괄〈보물 제586호〉

양재역벽서良才驛壁書사건으로 강계부江界府에 귀양 가 있던 이언적李彦迪이 1547년(명종 2)에서 1553년(명종 8) 사이에 직접 쓴 저술(手稿本) 5종 13책이다. 『속대학혹문續大學或問』 1책, 『대학장구보유大學章句補遺』 1책, 『봉선잡의奉先雜儀』 1책, 『중용구경연의中庸九經衍義』 9책, 『진수팔규進修八規』 1책이 있다.

### (5) 여주이씨 옥산문중 고문서〈보물 제1473호〉

여강이씨 옥산문중에는 이언적 대부터 20세기 초까지의 세대별 고문서古文書가 소장되어 있다. 이 중 선조宣祖 이전에 작성된 교서敎書 1점, 유지有旨 7점, 교지敎旨와 첩牒 20점, 급첩給牒 1점, 상소초上疏草 2점, 첩첩帖 1점, 입안立案 12점, 소지류所志類 7점, 분재기류分財記類 14점, 노비문기奴婢文記 18점, 토지문기土地文記 14점, 간찰簡札 1점의 총 98건이 보물로 지정되어 있다.

### (6) 경주 독락당 조각자나무〈천연기념물 제115호〉

추정 수령 480년 정도이며, 높이 14.5m, 둘레 4.90m의 조각자나무이다. 이 나무는 1532년(중종 27)에 이언적이 벼슬을 그만두고 독락당을 지어 학문에 전념하고 있을 때, 중국에 사신으로 다녀온 친구로부터 종자를 얻어 심은 것이라고 전해진다.

## 주

1. 李鼎儼 著 · 李源鈞 譯, 『國譯 南廬遺稿』(보문, 2008)에서 인용하였다.
2. 설창수: 양좌동 앞을 감싸고 흐르는 설창수 곧 安樂川을 말한다.
3. 진령: 신선의 별칭이다.
4. 동도: 동경, 즉 신라의 수도 서라벌을 뜻한다.
5. 주진: 현재 중국 강소성 풍현에 있는 주진촌을 말한다. 주진촌은 예로부터 주씨와 진씨가 함께 거주하는 마을로서, 한국 전통사회에서는 두 성이 사이좋게 혼인까지 하면서 대대로 살아오는 명촌의 대명사로 사용해 왔다. 따라서 양좌동, 즉 양동은 손씨와 이씨가 함께 살아왔기 때문에 그렇게 불렸다.
6. 형강: 형산강이다.
7. 봉림대: 內水口 밖에 있으며 이언적이 이름을 지어 준 것인데, 옥산을 창건할 때 일찍이 여기에 자리를 잡기도 하였다.
8. 낭간: 옥처럼 생긴 돌.
9. 정전: 마을 어귀에 있으며 토지가 매우 기름지다.
10. 행단: 동문이며, 두 그루의 늙은 은행나무가 있고, 그 아래 정충비각이 있다.
11. 화표: 街路의 표지를 위해 길거리에 세워 두는 기둥처럼 생긴 나무.
12. 정충각: 계천군 손소의 5대손 손종로의 충절을 표창하기 위해 송첨 아래에 세운 정려각.
13. 쌍산: 쌍령을 말한다. 병자호란 때 손종로(1598~1637)가 순절한 곳으로 경기도 이천에 있다.
14. 창평리: 중국 산동성 곡부현 동남쪽에 있는 공자가 태어난 마을이니, 회재가 태어난 양동을 그렇게 불렀다. 까마귀를 사랑하면 그 둥지까지 좋아한다는 뜻으로 회재를 숭모하기 때문에 그가 살던 마을까지 좋아하며 창평리라 불렀다는 뜻이다.
15. 설천정: 물봉 서쪽에 있으며 설천공의 정자이다.
16. 수운정: 정자는 참봉 孫曄이 지었다.

17. 청허자: 손엽(1524~1600)의 호. 우재 손중돈의 증손으로 소년 때부터 문명을 날렸으나 과거에는 합격하지 못했다. 임진왜란 때 경주 집경전에 있던 태조의 영정을 피란시킨 공으로 집경전 참봉이 되었으며, 수운정을 짓고 호를 청허자라 하였다.
18. 설창산: 양동의 主龍이다.
19. 부상국: 동쪽 바다 속에 있다는 전설상의 나라다.
20. 김문기·강정서, 『경북의 구곡문화』(2008)에서 인용하였다.

# 제4장 종가의 일상과 종손의 문중활동

# 1. 봉제사 접빈객

　　경주시 강동면 양동리에 가면 무첨당이 있다. 무첨당은 회재 이언적의 부친인 성균 생원 이번이 살던 집으로, 1460년경에 지은 여강이씨의 종가다. 현재 17대 종손 이지락이 이곳을 지키고 있다.

　　종손 이지락은 양동마을에서 태어났다. 대학 4년을 제외하고는 고향을 떠난 적이 없다. 경북대에서 한문학박사 과정을 수료한 그는 현재 대학에 출강하며 한국국학진흥원의 객원 연구원으로 일하고 있다. 하지만 부친이 작고한 뒤 여강이씨 17대 종손이 되면서 그의 삶의 중심은 문중에 있다. 집안의 대소사를 챙기고, 연중 십여 차례의 제사와 차례를 지내며, 문중 어른 및 국내

외 학자·관광객을 맞이하는 것이 그의 일상이다. 현대판 '봉제사奉祭祀 접빈객接賓客'이 이어지고 있는 것이다. 제사에 대해 종손 이지락은 다음과 같이 생각하고 있다.

> 제사는 의식 부분을 전파하는 과정에서 구복신앙으로 흘러 버렸습니다. 정신은 사라지고 의식화가 중심이 되어 버렸지요. 제사를 잘 지내야 복이 온다고요? 아니요. 복을 받았든 받지 않았든 조상께서 계신 듯 정성을 다하는 것이 제사입니다. 제사는 조상을 위한 것이 아니고 나를 위한 것입니다. 내 마음속에 계신 조상 앞에 당당한 것, 이는 후손 앞에 내가 당당할 수 있는 것이고, 이것이 곧 효가 되는 것이지요. 겉으로만 꾸미고 정성이 없는 것은 제사라 할 수 없습니다.

그는 제사를 때가 되면 치러야 되는 하나의 의식 행사가 아닌 그 정신적 근본에 대해 바르게 이해하고 있는 사람이었다.

종가의 제사에는 고조부·증조부·조부·부까지의 4대조를 위한 기제를 비롯하여 불천위 제사·시제·차례·묘제 등이 있다. 이 중 불천위는 특별한 의미를 지닌다. 불천위는 종가와 문중의 중심인물로 종가의 정체성을 상징하며 구심체 역할을 하기 때문이다. 불천위는 문중 사람들 간의 소통의 장으로 활용되는 동시에 이를 통해 문중 사람들은 자신들의 자존심을 높이고 종손은

불천위 제사

문중 사람들에게 자신의 존재감을 더욱 크게 인식시키는 것이다. 이런 불천위 제례는 획일적이고 정례화된 의례문화가 아닌 각 가문의 관습에 알맞게 체계를 갖추어 제례문화로 전승되고 있다.

　　회재종가의 불천위는 음력 11월 22일 고위考位대제와 음력 2월 22일 비위妣位대제가 있다. 제사는 회재종가의 무첨당 건물에서 새벽 0시 40분경에 시작된다. 참석 제관의 수는 50~60여 명 정도이다.

음력 11월에 접어들면 마음이 분주해집니다. 22일에 있을 대제를 어떻게 지낼까 하는 고민 때문이지요. 지나고 나면 부질없는 일이나 어쩔 수가 없습니다. 올해는 제관이 많을까? 음복상의 반찬은 무엇으로 할까? 술을 제대로 담글 수는 있을까? 그러다 보면 벌써 술을 담그는 날이 됩니다.

**불천위가 든 달부터 시작되는 종손의 중압감에서, 불천위가 가지는 의미가 얼마나 큰지 짐작할 수 있다. 회재종가의 불천위는 제주祭酒를 담그는 데서부터 시작한다.**

술을 뜨는 데 열흘 정도 걸리지만 혹시 실패할 경우를 생각해 25일 정도 앞당겨 미리 술을 담급니다. 술을 담그는 것은 생각보다 손 가는 일이 많아 혼자서 하기엔 벅찹니다. 그래서 날을 정해 주변 문중 사람들의 도움을 받지요.
술 담그는 날이 정해지면 아침 일찍 약수터에 가서 맑고 깨끗한 물을 받아 옵니다. 그리고 낮에 시간을 내어 장에 나가 누룩을 사 오고요. 아쉽게도 누룩은 직접 만드는 것이 아니라 정해둔 가게에 가서 좋은 것으로 구입합니다. 이를 빻아 집으로 가져와서는 바람이 잘 통하는 곳에서 말리지요. 물론 그 전에 술쌀로 사용할 고두밥을 방앗간에 부탁해 둡니다. 이러면 술 담그기 전의 준비는 대충 끝났다고 할 수 있지요.

술 담그기 하루 전날 부탁해 둔 고두밥을 찾기 위해 방앗간으로 갑니다. 예전에는 집에서 고두밥을 만들었지만 이제는 손이 없어 방앗간에서 밥을 쪄서 가져올 수밖에 없습니다. 어쩔 수 없는 일이지요. 방앗간에서 찾아온 고두밥은 바람이 잘 드는 곳에서 식혀야 해요. 술에 뜨거운 기운이 남아 있으면 발효가 고르게 되지 않아 술맛이 없어져 버려요.

술을 빚을 재료들이 준비되면 술을 담을 단지를 깨끗이 소독해야 됩니다. 단지 안에 불순물이 있으면 발효에 방해가 됩니다. 그래서 지난 가을에 준비해 둔 짚단을 태워 단지 안을 소독하고 술을 숙성시킬 방으로 옮겨 놓습니다.

오후가 되면 준비해 둔 것들을 방으로 옮겨 술을 빚어 단지를 채웁니다. 이후 술 단지를 덮어 숙성이 되기를 기다리는데, 그동안 술이 제대로 익을까 하는 걱정 때문에 방을 자주 드나들게 됩니다. 2~3일이 지나 술이 익는 향기가 코끝을 스쳐야 조금 안심이 된답니다.

그러다가 5~6일 지나 술을 뜨기 위해 용시를 준비하면서 다시 긴장합니다. 술이 얼마나 잘 익었는지 염려 때문이지요. 대제에 임하여 아무리 정성을 다하였더라도 술맛이 변했다고 하면 문중 사람들 얼굴빛이 달라집니다. 문중 사람들은 종가가 산업화의 물결 속에서 변화의 흐름에 노출되는 것보다는 그대로 있어 주기를 원해요. 술맛이 변하면 그들은 종가도 변했다 생각하게 되지요. 그것을 알기에 항상 긴장을 할 수밖에 없습니다.

제주 준비 외에 주재자는 제사 전날 묘소에 가서 봉심奉審(묘소에 가서 오늘이 기일임을 고하며 묘소가 잘 있는지 살펴보는 것)을 하거나 자정 이후에 제사를 지낸다는 것을 고하는 참례를 한다.

제수의 경우 대제 하루 전날 옥산서원에서 편과 과일 4품을 제외한 제수를 준비해 온다. 옥산서원에서 제수가 도착하면 마련한 자리로 나아가 마련해 온 제수와 제수단자의 물목物目이 일치하는지 일일이 불러 가면서 확인한다. 확인 작업이 끝나면 제수는 내일까지 내당에 보관된다. 나머지 제수를 준비하는 것은 종손과 종부의 몫이다.

대제 준비는 종부로서 가장 큰일입니다. 어느 것 하나 소홀할 수가 없어요. 아홉 가지의 편은 오방색에 맞게 고물을 장만해야 하고, 본편에서 잔편까지 계절에 맞는 나물이나 버섯을 사용해 준비해야 합니다. 먹을 것이 귀하던 시절에는 편의 높이가 상당했다고 들었습니다. 지금은 음복을 나누어 줄 손이 귀하고 음식도 풍족하기에 본편 고봉 한 말과 잔편은 각각 한 되씩 준비를 하니 예전보다는 편해졌다고 할 수 있지요. 그리고 감사하게도 대제를 지내는 날 아침에는 마을 안이나 가까운 곳에 계시는 문중 사람들이 제수 장만을 돕기 위해 아침부터

집사분정기

찾아오십니다. 그분들의 도움을 받아 준비를 하다 보면 오후 2~3시경이면 제수 준비를 마치게 됩니다.

저녁이 되면 제관들이 들어오기 시작한다. 저녁에는 주재자가 중심이 되어 시도기時到記를 가지고 헌관獻官 및 축祝, 집례執禮, 집사자執事者 등을 정한다. 분정이 끝나면 분정에 맞게 청소를 하고 교의, 제상, 병풍, 제기 등을 제청에 옮겨 놓는다.

제사 지낼 시간이 되면 제관들이 세수할 수 있도록 사랑방에 따뜻한 물을 준비한다. 새벽 0시 30분경이 되면 젊은 제관들은 대제를 지내기 위한 제물을 제청으로 옮긴다. 1차 진설이 끝나면 종손은 집사분정에 들어 있는 제관들과 출주出主하기 위하여 사당으로 올라간다. 사당에서 고유문을 읽고는 신주를 모시고 제청으로 내려온다. 신주를 제청의 교의로 모신 이후 제관들은 다같이 참배를 한다. 참배 후 종손은 제청으로 올라가 분향강신을 한다. 제청을 내려오면 진설陳設을 맡은 제관들이 제물을 모두 차린다. 종손은 다시 제청으로 올라가 초헌을 드리고 축관은 독축을 한다.

    종손이 초헌을 드린 이후 아헌관과 종헌관이 차례로 잔을 드리고 나서 종손이 다시 제청으로 올라가 유식侑食의 예를 행한 이후 합문하고 부복한다. 일정한 시간이 흐른 뒤에 개문하고 숭늉을 올린다. 축관이 종손에게 나아가 고이성告利成을 한 뒤 모든 제관이 참배를 한다. 종손은 임명된 제관과 함께 신주를 다시 모시고 젊은 제관들은 제상에 차려진 제물들을 옮겨 음복 준비를 한다. 종손은 신주를 사당으로 모신 후 사랑으로 들어가 음복이 나올 때까지 기다린다. 종손의 음복상이 나오면 음복을 하고, 아헌관·종헌관 순으로 음복을 한다. 사랑에서 어른들이 음복을 시작하면 아래 사랑에 머무는 젊은 제관들에게도 음복상이 나간다. 음복이 끝날 때에 떡국과 반찬들이 상에 차려진다. 이때 몇몇의 젊은 제관들은 도적을 봉송封送하기 위한 준비를 한다. 떡국을 다 먹고 나면 봉송하는 제물이 제관들에게 나누어진다. 예전에는 제관들이 종가에서 자고 다음날 제물로 국을 끓여 문중회의를 하였다고 한다. 하지만 지금은 낮에 시간을 만들기 어렵기에 문중회의는 따로 정하여 한다. 새벽 3시경이 되어 음복을 마친 제관들이 떠나가면 종가에서의 대제가 끝난다. 제사 이후의 정리 또한 준비 과정만큼이나 많은 시간과 노동력이 요구된다. 그리고 이 역시 종손과 종부의 몫이다.

조상을 모시는 것 외에 종손과 종부의 삶에 있어 중요한 것이 손님을 맞이하는 것이다. 특히 회재종가의 경우 2010년 7월 '한국의 역사마을: 하회와 양동'으로 유네스코 세계문화유산에 등재되면서부터 많은 방문객을 맞이하고 있다.

> 양동이 세계문화유산으로 지정된 다음에는 방문객의 수가 몇 배는 늘어났어요. 회재 선생의 존재와 학문적 힘을 인정받은 것 같아 기쁩니다. 하지만 부담감도 큽니다. 이곳을 방문하시는 분들은 양동에 바라는 기대치가 있습니다. 만약 그들이 자신의 생각보다 양동이 의미 없다고 여기는 순간 이곳의 전통문화는 가차 없이 나락으로 떨어 질 수도 있겠지요. 그러기에 손님을 맞으며 그들에게 전달하는 언어 하나하나가 신경이 쓰이고 그들의 기대치를 만족시키기 위해 계속해서 생각하고 고민할 수밖에 없습니다.
> 
> 특히 최근에는 지도층 인사들의 방문이 잦습니다. 이분들은

자신의 생각을 가지고 대상을 구체화하려는 경향이 있으십니다. 다른 민속마을과 다른 양동만의 그 무언가를 요구하십니다. 그래서 '도덕성·사람과 자연의 소통·절제' 등으로 이야기할 수 있는 우리 군중의 정신과 양동마을의 미래를 위해 신중히 생각합니다. 가문과 마을의 발전은 좋지만 잘못하면 상업화로 빠져 버려 문중과 양동이 그 본연의 색을 잃어버릴 수도 있기 때문입니다.

저는 찾아오시는 손님들을 만날 때마다 생각합니다. 500년 뒤에도 양동마을에 과연 사람이 살고 있을까요? 저는 양동이 500년 뒤에도 여전히 전통과 문화 그리고 사람이 함께 살아 숨 쉬는 공간이었으면 합니다.

종손은 예전과 같이 손님들을 맞이하는 예에 최선을 다하면서 다녀간 손님들을 통해 종가와 양동의 현실적 상황에 대해 많은 고민을 하고 있었다. 잘 꾸며지진 않았지만 여전히 전통을 소중히 생각하고 보존해 온 자신들의 삶과 양동의 자연을 훼손시키지 않고 어떻게 발전시켜 나갈 것인지 신중히 생각하는 모습에서 종손으로서의 책임감과 함께 지역사회와 더불어 나누는 삶을 살고자 하는 그의 생각을 읽을 수가 있었다.

# 2. 종손·종부의 삶

　　종손이란 종가의 대를 잇는 사람을 말한다. 과거에는 종손의 명예와 주어진 권한이 상당히 컸다. 명예와 주어진 권한이 큰 만큼 종손이 감당해야 할 책임 또한 막중할 수밖에 없었다. 하지만 산업화·도시화라는 급격한 변화 속에 종손과 종가가 가지는 의미와 지위는 저하되었다. 현대 한국사회에서 종손으로 살아간다는 것은 어떤 것일지 종손 이지락의 이야기를 통해 알아본다.

> 종손의 삶에 대해 물으면 흔히 숙명이라 답합니다. 종손으로 태어난 순간 조부나 문중 어른들의 기대와 관심 속에서 생활 방식을 배우고, 결혼하고, 조상을 모시고, 종택을 지키는 삶의

사이클을 벗어날 수 없기 때문에 숙명이라 말하는 것이겠지요. 저 역시 공감하는 바입니다. 종손을 비롯한 문중 사람들이 양동이라는 집성촌을 중심으로 삶을 살던 전통시대와는 달리 요즘은 종손을 제외한 대부분의 문중 사람들이 양동이 아닌 다른 곳으로 떠나 자신의 삶을 개척하고 살아갑니다. 그들을 보면 저의 삶이 제한적인 것도 사실이고요. 그렇기 때문에 나름의 갈등도 있습니다. 하지만 저는 종손으로서 받게 되는 제한과 부담감보다는 좋은 점이 더 많다고 생각해요. 저는 어린 시절부터 책에서 배울 수 없는 많은 것을 어른들로부터 배웠습니다. 선친께서 몸으로 자연스럽게 실천한 것을 그대로 배웠기 때문에 전혀 어려움은 없었습니다. 부모님을 따라 배우고 자연을 통해 배우며 반복하는 것이 진정한 교육이라 생각합니다.

또, 내가 종손이 아니었으면 어디서 그렇게 다양한 사람들을 만날 수 있겠습니까? 평소에 만나 볼 수 없는 사람들을 볼 수 있어서 좋고, 낯선 손님들과의 만남도 즐겁고, 많은 것을 배울 수 있어 즐겁습니다.

다들 종손이 종택에 매여 있다고 생각하는데, 종택은 내가 지키는 곳이 아니라 살고 있는 곳입니다. 나는 이곳에서 아름다운 자연과 사람들로부터 배우고 느낍니다. 우리 문중 그리고 이곳 양동과 함께 살아 숨 쉬며 행복한 미래를 꿈꾸고 있습니다.

그는 절제・희생・인내의 삶으로 생각되는 종손의 일생에 대해 가장 좋은 방향으로 이해하는 지혜를 가진 긍정적인 사람이었다. 그리고 그의 말속에서 가문과 마을에 대한 애정과 자긍심을 느낄 수 있었다. 최근에는 신문이나 라디오, TV 등 언론매체의 요구에도 적극적으로 임하면서도 서두르지 않고 종가와 양동마을을 사람들에게 바르게 알리기 위해 바삐 움직이고 있다.

종가라는 공간은 종손들의 삶의 방식에 영향을 미치며 그들의 사고방식에도 일정하게 작용한다. 회재 종손이 살고 있는 무첨당은 『시경』「소완小宛」의 "일찍 일어나고 밤늦게 잠들어서, 너를 태어나게 해 주신 분들을 욕되게 하지 마라"(夙興夜寐 無忝 爾所生)에서 유래한다. 종택의 이름처럼 조상과 문중, 가족에 대한 책임감과 함께 자신의 삶, 그리고 마을의 미래에 대해 능동적으로 개척해 가려는 생명력이 넘치는 종손 이지락을 통해 21세기 종가가 나아가야 할 방향을 찾을 수 있을 것이다.

## 3. 종손의 문중활동

　　문중은 일반적으로 혈연 공동체를 말한다. 정착을 위주로 하는 농경사회에서는 혈연이라는 공통분모를 가지고 함께 생활하기에 문중의 유대감은 매우 긴밀하였다. 그러기에 문중의 활동은 자연스럽게 이루어졌다. 하지만 산업사회가 되어 문중 구성원들이 이동을 하기 시작하면서, 이들은 공통의 혈연관계에 있다 하더라도 생활은 달리하게 되었다. 따라서 문중은 문중원들 간의 유대감을 높이려는 노력을 하게 되었다. 현재 여강이씨 문중에서도 문중원들의 유대감을 높이기 위해 많은 활동을 하고 있다. 이러한 활동의 중심에 종손이 있다. 문중이 혈연적인 집합체이기에 회장과 사무국이 있음에도 종손은 그 활동에 적극 참여하고 있다. 여강이씨 종손이 문중원을 대하는 생각을 들어 보면 다음과 같다.

> 일족 간에 예전에는 한마을이나 바로 이웃하여 살았기에 모인다는 생각 없이 해가 오르면 공간적으로 수용이 가능한 종가에 모여 하루를 보냈습니다. 그러기에 지금 집에 찾아오시는 어른들께서는 저에게 우리 젊었을 때 이곳에서 어떠한 일을 하였다는 말을 많이 하십니다. 그러면서 자연스럽게 같이 놀았던 친구를 떠올리고 미소를 짓게 됩니다. 하지만 산업화가 시작되면서 태어난 세대의 어른들께서는 저를 만나면 어색해 하십니다. 제가 처음 뵙는 분에게 항렬을 따라 호칭을 해 드리면 바로 응대하시지 못합니다. 저는 종종 그분들에게 '내 집이다' 라고 생각하시라고 하지만 이미 개인화된 사회생활에 익숙하신 어른들께서는 받아들이지 못하고 계속 어색해 하십니다.

종가는 하나의 집단을 말한다. 집단은 그 집단을 구성하는 구성원이 없으면 의미가 퇴색된다. 그렇기에 종가의 존재는 문중원들과 소통을 원활하게 이루어야만 그 가치를 일차적으로 인정받게 된다. 문중원들에게 가치 인정을 받지 못한다면 종가는 사회에서 인정을 받을 수가 없다. 그럼 종가의 영속성은 무너지게 된다. 그렇기에 문중을 통해 영속성을 찾으려고 하고 있다.

현재 여강이씨 문중조직은 안강·경주·포항·서울·부산·대구·울산 등 지역별로 조직되어 있고, 최근에는 이를 모두 아우르는 '여강이씨종친회'를 조직하여 활동하고 있으며, 또한 '회재 이언적 기념사업회'도 구성되어 있다. 종친회는 주로 문중원의 친목과 유대감, 소속감을 높이기 위한 각종 일을 하면서 한편으로 문중의 각종 행사에 적극적으로 참여하고 있다. 이에 대한 종손의 이야기를 들어 보면 다음과 같다.

> 비문非門은 전통의 문중 사업이라고 할 수 있는 산소 수호와 대제 등에 대해서는 기존의 조직에서 선출하는 유사들이 그 역할을 담당하고 있습니다. 다만 기존의 조직들이 감당하지 못하는 친목, 교육, 홍보 등의 사업은 새로이 조직된 종친회에서 담당하고 있습니다. 저는 기존의 조직들의 고유성을 인정하면서도 새롭게 만든 종친회의 역할 안정에 더욱 힘을 쏟고 있습니다. 기존의 조직은 저의 역할 없이도 나름의 체계가 이미 수백 년 동안 이어 오고 있습니다. 하지만 새로운 종친회는 앞으로 그 역할을 제대로 수행할 수 있도록 많은 것을 정비하여야 하기에 저는 많은 관심을 가지고 있습니다.

여강이씨종친회는 여강이씨들만을 회원으로 받아들이는 조직이기에 혈연적인 결속이 매우 강하다. 혈연적인 일체감을 주는 일에는 종손과 주손의 역할이 매우 중요하다. 한 어른의 후손이기에 그 어른들의 향화를 받드는 이들의 생각과 행동이 조직의 유지에 중요하다. 그렇기에 종친회의 임원들 또한 종손·주손들의 일정한 역할을 기대하고 있다.

> 이미 언급하였듯이 큰집과 지하 사람들의 유기적 관계의 형성은 그 집안의 유지에 중요한 부분이 됩니다. 하지만 생활공간을 달리하고 있는 근대에는 유기적 관계의 형성에 많은 어려움이 있습니다. 그래서 저는 각 집 주손들과 함께 지역 종친회를 방문하는 행사를 가지고 있습니다. 자주 만날수록 좋지만 서로의 시간이 바쁜 관계로 인하여 일 년에 두 번 정도 지역 종친회를 방문합니다. 이어서 방문한 종친회의 임원을 양동으로 초청하여 종손과 주손들이 대접하기도 하고, 또 종손·주손들도 서로 친목을 도모하기 위해 만나고 있습니다. 이런 행사를 가지면서 잘한다는 이야기를 많이 듣고 있습니다. 어차피 우리가 혈연 공동 운명체라는 사실은 어떻게 할 수가 없습니다. 그럼 저는 그 안에서 우리 스스로 개척하여야 한다고 생각합니다. 그렇게 하여야 문중과 종손은 일체감을 가질 수가 있습니다.

사실 종손은 현실적인 문제에 대해 적극적인 개입을 하지 않는 것이 전통적인 모습이다. 개입은 결국 시비의 중앙에 서게 되고 시비의 중앙에 서면 어느 쪽으로 갈 수밖에 없게 된다. 그럼 그 반대에 있는 사람들에게 원망을 듣게 되며 그러한 원망이 쌓이면 결국 문중의 운영에 많은 어려움을 만나게 된다. 그래서 종손은 어떠한 일이 일어나도 침묵하고 있다. 그러면 동복의 지친들이 그 일의 해결에 직접 나선다. 그리고 종손은 결정되어진 사실에 대하여 최종적으로 인정해 주면 된다. 이러한 과정을 거쳐 종손의 고유성은 훼손 받지 않고 문중의 일을 처리하게 되었던 것이다. 하지만 지금 종손들은 현실적인 문제에 직접적인 참여를 요구받고 그 요구에 응하여 문중활동에 적극적으로 참여하고 있다.

## 참고문헌

李鼎儼 著・李源鈞 譯, 『國譯 南廬遺稿』, 보문, 2008.

경상북도, 『文化財大觀 I - V』, 경상북도, 2003.
경주시, 『세계문화유산 경주 양동마을』, 2010.
김문기・강정서, 『경북의 구곡문화』, 경북대학교 퇴계학연구소, 2008.
文元公 晦齋先生 崇慕事業會, 『玉山書院과 良洞마을』, 우리출판社, 1987.
문화재청, 『慶州 無忝堂 實測調査報告書』, 文化財廳 技術科, 2000.
성균관대학교 대동문화연구원, 『李晦齋의 思想과 그 世界』(대동문화연구총서 11), 1992.
이상해, 『전통 역사마을 양동마을』, 문화재청, 2008.
이수환 편저, 『玉山書院誌』(영남대 민족문화연구소 자료총서 13), 1993.

이수건, 「良洞의 歷史的 考察」, 『양좌동연구』(영남대 인문과학연구총서 1), 1990.
이수환, 「晦齋 李彦迪과 玉山書院」, 『경주사학』 16, 1997.
_____, 「李彦迪 문학의 창작 현장과 유적 ― 良佐洞과 玉山別業을 중심으로 ―」, 『대동한문학』 29, 2008.
_____, 「경주 여강이씨 無忝堂 및 李泳煥 소장 자료 해제」, 『수집자료해제집』 3, 국사편찬위원회, 2009.